메타버스 XR 플랫폼 활용 실습서

인게이지에서 메타버스를 만나다

최인호 지음

(주)광문각출판미디어
www.kwangmoonkag.co.kr

| 머리말 |

　몇 년 전까지만 해도 "메타버스가 도대체 뭐지?"라고 웅성거리던 단계에서 이제는 메타버스가 제법 익숙하게 쓰이고 있습니다. 어떤 병원은 메타버스 안에 병원을 만들었다고 하고, 대학을 메타버스 안에 세웠다느니, 정부나 유명 기업에서도 메타버스에 대한 투자를 증가했다는 소식들도 자주 들립니다. 애플, 삼성, 구글, MS 등 미래를 이끌어갈 빅 테크 기업에서는 메타버스가 미래의 돈줄이며 혁신이라 소개하고, 가상현실에 대한 투자도 멈출 기미 없이 계속해서 확대되고 있습니다. 이렇게 혁신적인 메타버스에 싸이월드의 미니룸도, 마인크래프트도, 배달의민족도 포함된다고 하는데, 너무나도 광범위한 메타버스의 정의가 대중들에게는 되레 실체 없이 느껴질 것 같습니다. 그래서 정말 메타버스가 뭔데? 나도 그 혁신의 흐름에 따라갈 수 있는 거야?

　이 책은 메타버스의 대중성에 대한 저의 고민에서부터 시작되었습니다. 메타버스를 사람들에게 한 번에 이해시키기란 그렇게 간단한 일이 아니기 때문에 어떻게 하면 새로운 가치를 쉽게 전달할 수 있을지를 고민했습니다. 급작스러운 기술의 혁신은 사람들에게 거부감, 부담감을 주기도 하지만, 저는 그 이면에 있는 메타버스의 새로운 가치와 도전의 기회를 소개하고 싶었습니다.

　1편 《인게이지에서 메타버스를 만나다》에서는 메타버스 플랫폼인 인게이지를 소개하고, 그 이론과 경험적인 것들을 통해 간단한 파악을 가능하게 제작했습니다. 그러나 이번 2편에서는 개념적인 화두를 넘어 실제 메타버스에 바로 입문할 수 있는 실습서로 제작했습니다. 다른 메타버스 플랫폼

보다 인게이지였던 이유는 동시 접속자 수, 각종 커스터마이징과 구축의 자유도, 높은 수준의 그래픽 비주얼, 그리고 확장성 때문입니다. 인게이지는 VR 기반으로 그래픽 소스가 많아, 공간 구성 리소스가 다양합니다. 그 때문에 메타버스를 제대로 이해하고 싶고 이를 효과적으로 활용하여 개인의 역량을 신장하고 싶은 분들에게 많은 아이디어와 기회를 제공할 수 있을 것입니다.

이 실습서에서는 비대면 회의나 각종 교육, 디지털 기반의 체험 공간, 문화 콘텐츠 등을 구현하는 데 반드시 3D 디자이너나 개발자는 필요하지 않다는 점을 강조하고자 했습니다. 독자는 인게이지 플랫폼을 활용하여 어디에서나 직접 메타버스 공간을 구축할 수 있으며, 간단한 드래그 앤 드롭으로도 전문가 다운 메타버스의 환경을 구성할 수 있습니다.

이 책의 대상은 학생들과 일반인 모두라고 말할 수 있을 만큼 아주 세세하게 작성되었습니다. 종사하고 있는 업종의 미래를 엿보고 싶은 분들, 달리는 메타버스에 탑승하고자 하는 분들은 주목하시길 바랍니다. 아는 만큼 보입니다. 각종 현장에서 바로 적용할 수 있는 실무 지식을 첨가한다면, 누구나 인게이지를 통해 자신만의 가상공간을 메타버스로 구현할 수 있을 겁니다. 이 책이 메타버스라는 새로운 가치의 길잡이가 되어주길 바랍니다.

Vaax 최고운영자들, 메타버스학회 및 메타버스산업협회 임원진의 추천 감사합니다.
김원태, 문선아, 한희연 디캐릭 교육사업본부 외 모든 임직원 여러분께 감사드립니다.

| 목차 |

1

메타버스

01 메타버스란?

메타버스는 가상과 현실이 융합된 디지털 세계, 즉 또 하나의 세상이다. 가상을 의미하는 메타와 현실 세계를 의미하는 유니버스의 합성어로 '초월 세상'이라고 일컫기도 한다. 메타버스의 4가지 유형으로는 '증강현실', '라이프로깅', '거울 세계', '가상세계'가 있다.

증강현실이란 사용자가 일상에서 인식하는 물리적 환경에 가상의 물체를 겹쳐 보여 주는 기술로서 대표적인 예로는 '포켓몬고'가 있다. 우리가 살고 있는 모습 안에 포켓몬고의 가상 물체인 포켓몬을 겹쳐 보여 주는 기술을 통해 많은 사람이 즐겼던 서비스가 되었다. 이러한 증강현실은 사람들에게서 적은 거부감으로 보다 높은 몰입감을 유도할 수 있다는 특징을 가지고 있다.

[그림 1-1] 증강현실

두 번째, 라이프로깅은 현실에서 자신에게 일어나는 경험 정보를 기억하고 후에 이를 재현해 주는 기술로 사용자는 일상생활에서 일어나는 모든 순간을 텍스트, 영상, 사운드 등으로 기록하고 그 내용을 서버에 저장해 다른 사용자들과 공유할 수 있다. 그 대표적인 것으로는 일상의 정보를 사진 촬영하여 커뮤니티에 올리는 블로그, 싸이월드, 인스타그램이 예가 될 수 있다. 즉 라이프로깅은 현실 세계에서 한 개인이 가지는 일상적인 경험 정보들을 디지털화하여 저장하는 백업 및 커뮤니티 기술이다.

[그림 1-2] 라이프로깅

세 번째로 거울 세계는 말 그대로 현실을 가상세계에 거울처럼 투영하는 서비스라고 설명할 수 있다. 대중들이 흔히 이용하는 배달의민족, 직방 등이 그 예가 되는데, 실제 세계는 그대로 투영하면서도 정보는 확장되어 있는 것이다. 이 같은 미러 월드를 최종적으로 사용하는 유저는 가상세계에서 환경적 데이터를 열람함으로써 현실 세계에 대한 정보를 얻게 된다.

[그림 1-3] 거울 세계

마지막으로 가상세계는 현실과 유사하거나 혹은 완전히 다른 대안적 세계를 디지털 데이터로 구축한 것이다. 가상세계에서 아바타를 통해 현실 세계의 경제적, 사회적인 활동과 유사한 활동을 한다는 특징이 있다. 우리에게 아주 친숙한 형태의 메타버스로서 리니지와 같은 온라인 롤플레잉 게임이 그 예가 된다. 실제 가상세계인 게임 속에서 아바타를 이용하여 현실 세계처럼 소비하고, 의사소통을 하기도 한다.

[그림 1-4] 가상현실

ENGAGE

02 메타버스의 성장 배경

메타버스의 주된 성장 배경으로는 기술의 혁신도 있지만 코로나19의 등장이 큰 원인이 되었다. 사회적 거리 두기가 강화되면서 비대면 방식의 원격회의, 온라인 강의 등 언택트 산업이 빠르게 성장했기 때문이다. 온라인에서의 만남은 이제 평범한 일상이 되었고, 대중들은 지난 코로나 거리 두기 기간 동안 이런 상황에 적응했다. 초기에는 비대면만 가능하다면 무엇이든 받아들였으나 코로나가 장기화하면서 대중들의 욕구도 다양해졌다.

사람들은 온라인 공간에서도 오프라인 공간과 유사한 경험을 하기를 원했고, 메타버스는 이러한 욕구를 충족시켜 줄 강력한 도구가 되었다. 메타버스는 글과 사진으로 단순히 일상을 공유하는 것을 넘어, 자신의 아바타를 통해 가상공간에서 타인과 다양한 경험을 함께 할 수 있게 되었다. 과거의 메타버스가 현실을 보완하는 세컨드 공간 개념이었다면, 최근의 메타버스는 현실을 대체하는 '퍼스트' 공간 개념이 되었다고 할 수 있다.

미래에는 VR 기기를 활용한 메타버스가 대세가 될 것으로 보인다. 예를 들어 게임을 할 때에도 VR 기기를 착용하면 마치 자신이 정말 자신만의 섬에 있는 듯한 환경이 펼쳐지고, 총이나 화살을 쏠 때에도 진짜 같은 느낌이 들게 되며, 일상생활을 하더라도 현실과 거의 비슷한 형태로 이루어질 가능성이 높다. 이러한 메타버스의 세계는 향후 SNS도 대체할 수 있을 것으로 보인다. 지금은 현실 세계에서 스마트폰이나 컴퓨터로 타인과 대화를 하지만, 메타버스의 세상에서는 VR 기기를 쓰고 또 다른 세상에 들어가서 메시지를 읽고 쓸 수 있다. 또 이런 메타버스가 원활하게 돌아가면 한계 없이 수업에 참여할 수 있고, 병원에 가서 치료법을 조언 받을 수도 있다. 친구들과 카페도 가고, 술도 마시며 관계를 유지해 나갈 수 있게 된다. 메타버스는 한마디로 리얼리티에 대한 거대한 혁명이 아닐 수 없다.

메타버스가 주목받는 또 다른 이유는 '돈'이 되는 미래 먹거리로 기업들의 주목을 받기 때문이다. 이미 수십조 원대 세계 시장이 형성됐지만, 향후 10여 년간 30배 이상 시장 규모가 커질 것이란 예상이 나오고 있다. 글로벌 컨설팅 기업 프라이스 워터하우스 쿠퍼스는 메타버스의 핵심 영역인 증강현실과 가상현실의 세계 시장 규모가 2019년 455억 달러 (한화 51조 7,000억 원)에서 2030년에는 1조 5,429억 달러(한화 1,755조 원)까지 성장할 것으로 내다보고 있다.

ENGAGE

03 메타버스 플랫폼

초기 메타버스는 게임, 생활 및 소통 서비스를 독립적으로 제공하면서 시작되었다. 최근 메타버스의 적용 범위가 게임, 생활, 그리고 소통 범위를 넘어서 업무와 교육 플랫폼까지 확장되고 있다. 기존 메타버스 플랫폼들의 발달과 새로운 메타버스 플랫폼들이 지속적으로 등장하고 있는 것이다. 메타버스 플랫폼 중 몇 가지를 소개하고자 한다.

▸ **로블록스**: 2006년 출시된 플랫폼으로 약 5천만 개 이상의 게임을 유통하는 플랫폼으로 이 플랫폼을 구성하는 모든 게임은 로블록스에서 제공한 개발 툴로 이용자가 직접 제작한다. 게임뿐만 아니라 대화나 이벤트를 열어 이용자 간 친목 등 사회 활동도 가능하다.

▸ **마인크래프트**: 2011년 출시된 플랫폼으로 로블록스와 같은 샌드박스형 게임이다. 여러 모드를 응용하여 다양한 콘텐츠를 제작해 볼 수 있다. 특이한 점은 경제 활동을 위한 게임 내 마켓 플레이스와 자체 통화인 마인코인도 제공하고 있다는 것이다. 코로나19의 영향으로 취소된 오프라인 행사들을 대체하는 주요 플랫폼 역할을 담당하고 있다. 출시 이후 2억만 장의 판매고를 기록하였으며, 레고 같은 장난감, 만화, 소설, 영화 등 다양한 콘텐츠로 제작할 수 있다.

▸ **포트나이트**: 3인칭 슈팅, 생존 게임으로 배틀 로얄 같은 일반적인 형태의 게임은 물론

소셜 기능 모드도 서비스하고 있다. 가상화폐 브이벅스를 사용하며 공연 및 미디어 활용 사례가 증가하고 있다. 전 세계 3억 5천만 명에 달하는 이용자를 보유하고 있다.

▶ **제페토**: 네이버 자회사인 네이버 제트가 2018년 출시한 플랫폼으로 증강현실 기반의 아바타 서비스다. 얼굴 인식 기술을 통해 자신과 닮은 3D AR 아바타 생성 후 가상공간에서 소통할 수 있다. 아바타가 활동하는 공간인 제페토 월드와 아이템 창작이 가능한 제페토 스튜디오도 구성되어 있다.

2

시작 단계

인게이지 기본 기능에 대한 이해

ENGAGE

01 ENGAGE란?

[그림 2-1] ENGAGE

ENGAGE XR Holdings Plc는 가상현실 기술회사로 VR 소프트웨어 플랫폼인 ENGAGE를 통해 기업 및 기관 등의 다양한 단체와 일반 고객에게 가상 커뮤니케이션 솔루션을 제공하는 세계적인 선두 업체이다. ENGAGE사는 2022년 엔터프라이즈 및 교육 등 고객 전반에 걸쳐 지속적으로 발전을 거듭하고 있다.

ENGAGE

ENGAGE는 가상현실 기반의 메타버스 플랫폼으로, 1인칭 시점을 기반으로 몰입감 있는 가상현실을 지원한다는 장점을 갖고 있으며, 크로스 디바이스의 지원으로 스마트폰과 독립형 HMD에 이르기까지 다양한 장비를 지원하고 있다. 또한, 고객 맞춤형 B2B 운영뿐 아니라 코딩 없이도 다양한 연출과 콘텐츠 제작 또한 가능한 점에서 타 플랫폼과 차별점을 갖는다고 할 수 있다.

ENGAGE 플랫폼은 실시간 쌍방향 소통이 필수적인 대화형 수업에 최적화되어 있다. 또한, 크로마키 녹화를 통해 실사 영상도 메타버스 공간에 불러오는 등의 다양한 효과와 연출로 가상과 현실 세계를 잇는 콘텐츠의 제작 또한 가능하다. 손쉬운 영상과 화면의 공유는 일방적인 정보의 전달 대신 다양한 구성원들의 이야기를 듣고 다양한 이벤트와 피드백을 할 수 있도록 만들어 주며, 독립형 VR 헤드셋과 트래커를 함께 착용하는 경우 아바타의 모든 움직임을 자유롭게 제어할 수 있어 보다 몰입감 있는 실감형 콘텐츠 제작이 가능하도록 지원하고 있다.

ENGAGE는 미디어 스트리밍 서비스를 활용해 2D, 3D, 360도 영상의 실시간 공유가 가능하며, 딥 링크를 통해 해당 세션을 공유해서 한 공간에 동시에 최대 50명까지 동시 참여가 가능하다는 점이다. 또한, 웹 관리자 페이지를 사용하여 계정 관리부터 이벤트 관리, 퀴즈/설문 조사 관리 등을 통해 체계적인 세션 관리가 가능하며 100여 개의 다양한 테마의 3D 가상공간과 1,000여 개의 IFX가 기본 제공되고 이를 통해 만든 공간을 잇고 연결하며 손쉽게 활용할 수 있도록 한 강력한 콘텐츠 자체 제작 툴을 포함하고 있다.

마지막으로, 이 모든 것을 전체적으로 녹화하고 압축해 시공간의 제약 없이 돌려볼 수 있다는 점이 가장 큰 메리트라 할 수 있다.

㈜디캐릭은 이러한 Engage 플랫폼의 첫 번째 한국 파트너사로, 한국 시장에서 EN-GAGE Education의 독보적 지위에 있으며, Engage를 XR 콘텐츠 제작 교육과 트레이닝을

위한 가상현실 플랫폼으로 활용하고 있다.

단순 교육뿐만 아니라 지자체의 지역 축제, 엑스포 및 박람회, 관광, 랜드마크 등의 구축을 진행하고 있으며, 기업 요청에 따라 기념식(네트워킹 파티, 사내 기념식 등) 전시 및 콘퍼런스, 포럼 등의 진행 또한 지원하고 있다. 또한, 학교와 교육청에는 온라인 캠퍼스 구축과 온라인 수업 진행, 입학식, 졸업식, 축제 등의 행사를 종합적으로 지원하며, Engage Education 파트너 역할을 다하고 있다.

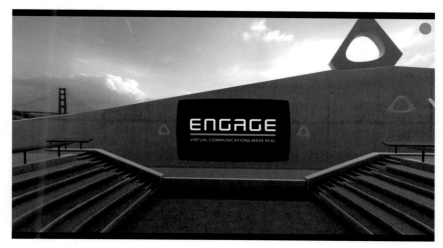

[그림 2-2] ENGAGE

이외에도 다양한 형식의 3D 모델링 지원과 더불어 다양한 기기 및 OS 지원, 아바타 얼굴의 3D 매핑 등 다양한 기능들을 지원하고 있으며, 현재에도 플랫폼은 업데이트를 통해 계속 진화하고 있으며 더 발전할 예정이다.

ENGAGE

02 ENGAGE 설치

대부분의 PC 기반 VR 헤드셋과 독립형 VR 헤드셋, Windows 및 MAC OS 컴퓨터, An-droid 및 iOS 모바일 장치를 포함한 모든 주요 하드웨어 및 운영 체제에 ENGAGE 애플리케이션을 설치할 수 있다. 지원되는 장치의 전체 목록을 보려면 '인게이지 메인 화면 - 지원- 지원되는 기기'(https://engagevr.io/supported-devices/)로 이동한다. 본 교재에서는 데스크톱과 HMD 기기-오큘러스 퀘스트 2 그리고 모바일을 기준으로 소개한다.

1) | Oculus Quest에 ENGAGE 설치

Oculus Quest 또는 Oculus Quest 2 헤드셋에 ENGAGE를 설치하려면 Oculus Store를 사용한다.

1. 오른쪽 컨트롤러의 Oculus 버튼을 눌러 범용 메뉴를 표시한다.

2. 상점 아이콘을 선택한다.

3. ENGAGE를 검색한다.

4. ENGAGE 스토어 목록 페이지에서 무료를 선택하여 다운로드 및 설치 프로세스를 시작한다.

설치 과정이 완료되면 ENGAGE가 앱에 추가된다. ENGAGE를 시작하려면 앱으로 이동하여 ENGAGE를 선택한다.

2) Microsoft Windows에 ENGAGE 설치

먼저 컴퓨터가 다음 최소 요구 사항을 충족하는지 확인한다.

‣ Microsoft® Windows® 10 운영 체제

‣ Intel® Core™ i5 프로세서 이상

‣ 8GB RAM

‣ NVIDIA® GeForce® GTX 970 그래픽 카드 이상

‣ 9GB의 사용 가능한 디스크 공간

컴퓨터가 최소 요구 사항을 충족한다면 옵션 중 하나를 사용하여 설치한다.

옵션: Windows Installer 사용

1. ENGAGE Windows Installer를 다운로드하려면 '인게이지 웹사이트 - 다운로드
   (https://engagevr.io/download)'로 이동하여 Desktop을 선택한 다음 Windows PC를
   선택한다.

[그림 2-3] 인게이지 PC 설치

2. 설치 파일을 다운로드한 후 관리자 권한으로 실행한다. 예를 들어 설치 파일을 마우
스 오른쪽 버튼으로 클릭한 다음 **관리자 권한으로 실행**을 선택한다.

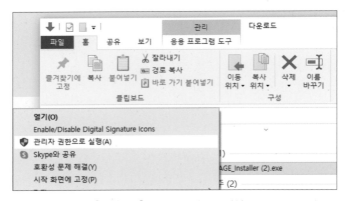

[그림 2-4] 관리자 권한으로 실행

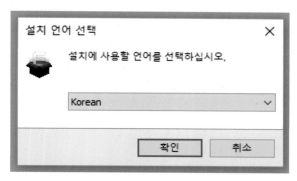

[그림 2-5] 설치 언어 선택

3. 오류가 표시되거나 **사용자 계정 컨트롤 창이 표시되면 컴퓨터에 대한 관리자 권한이 없는 것이다.** 권한이 있는 사용자로 로그인한 다음 1단계부터 반복한다.

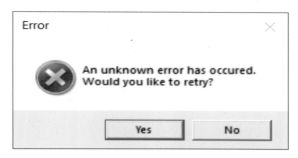

[그림 2-6] 관리자 권한이 없을 때 나타나는 설치 오류

3) | Android 또는 IOS 에 ENGAGE 설치

※ Google Play 스토어 또는 Apple App Store에서 ENGAGE를 설치할 수 있다.

Qualcomm Snapdragon 835 이상의 프로세서, 4GB RAM 및 5GB의 사용 가능한 저장 공간이 있는 Android 7.1.1 이상 장치에 ENGAGE를 설치할 수 있다.

A11 이상의 프로세서, 2GB RAM 및 5GB의 사용 가능한 저장 공간이 있는 iOS 13.0 이상 장치에 ENGAGE를 설치할 수 있다. 예를 들어 iPhone 8 이상이다.

ENGAGE

03 ENGAGE 회원 가입과 로그인하기

1) 계정 생성하기

① 계정 유형

▸ **LITE**: 기능을 시험해 보고 게스트 사용자가 허용되는 이벤트 및 세션에 참석하는 데 사용할 수 있는 무료 구독이다.

▸ **PLUS**: 개별 사용자를 위한 월간 청구 가능한 구독이다. 이 구독을 사용하여 실시간 가상현실 세션을 호스팅하고 최대 20명의 사용자로 구성된 소그룹을 위한 녹화된 경험을 만들 수 있다.

▸ **ENTERPRISE**: 조직이 구성원을 위해 구매할 수 있는 연간 구독이다. 호스트가 구성한 세션에 최대 70명까지 참여 가능하다. 이 구독은 ENGAGE의 모든 기능은 물론 고급 기능까지 다룰 수 있다.

② 웹 관리자에서 계정 만들기

※ '인게이지 앱 - 등록 (https://app.engagevr.io/register)'로 이동한다.

1. 계정 생성 양식을 작성하고 서비스 약관 및 개인 정보 보호 정책을 검토하고 동의한 다음 가입을 선택한다.
2. 웹 관리자의 프로필 정보 변경 페이지에서 다른 프로필 정보를 업데이트한다.
3. 이메일 주소를 확인하는 메일을 72시간 이내에 확인해야 계정이 생성된다.

③ ENGAGE 앱에서 계정 만들기

ENGAGE 앱을 사용하려면 ENGAGE를 연 후 메뉴 화면에서 회원 가입을 선택한다.

[그림 2-7] ENGAGE 앱 메인 메뉴의 회원 가입 링크

1. **1단계 페이지** - 계정 세부 정보 양식을 작성하고 서비스 약관 및 개인 정보 보호 정책을 검토하고 동의한 다음 **가입**을 선택한다.

[그림 2-8] 3단계 중 1단계 가입 양식

2. **2단계 페이지** - 이메일 주소 확인 방법에 대한 정보가 표시된다. 이메일을 확인하여 즉시 이메일 주소를 확인할 수 있지만, 프로세스를 완료하는 데 72시간이 걸린다. **계속**을 선택한다.

[그림 2-9] 3단계 중 2단계 가입 양식

3. **3단계 페이지** - 다른 프로필 정보를 업데이트한다. 높이(키)에 입력한 값은 아바타에 적용된다. **계속**을 선택한다.

[그림 2-10] 3단계 중 3단계 가입 양식

ENGAGE

04 ENGAGE 메뉴와 기본 작동 방법

1) 메뉴 화면 구성

ENGAGE 앱을 열 때마다 표시되는 메뉴 화면의 주요 기능은 다음과 같다.

[그림 2-11] 메뉴 화면 기능

상표	특징	설명
1	메뉴 옵션	세션 생성 또는 참여와 같은 ENGAGE 앱의 주요 기능에 액세스하는 데 사용한다.
2	설정 메뉴	컨트롤을 보거나 메뉴 화면 음악을 전환하거나 버그를 보고하는 데 사용한다.
3	사용자 메뉴	계정 및 언어 옵션에 액세스하거나 ENGAGE 앱에서 로그아웃하는 데 사용한다.
4	인게이지 링크	인게이지 플랫폼 내 광장 체험을 통해 기본적인 정보를 제공한다.

[표 2-1] 메뉴 화면 주요 기능

2) 기본 작동 방법

컨트롤은 사용하는 장치에 맞게 조정된다. 현재 사용 중인 장치의 컨트롤을 확인하려면 다음 단계를 완료한다.

1. 세션에서 메뉴 또는 태블릿을 연다. VR 헤드셋을 사용하는 경우 핸드 컨트롤러에서 해당 버튼을 누른다. 데스크톱 앱을 사용하는 경우 키보드에서 Esc 키를 누른다.
2. 사이드 메뉴에서 **설정** 아이콘()을 누른다.
3. **설정** 페이지에서 **컨트롤**을 선택한다.

메뉴 화면에서도 동일한 정보에 액세스할 수 있다. 메뉴 화면의 오른쪽 위 모서리에 있는 설정 아이콘()을 클릭한 다음 나타나는 메뉴에서 **컨트롤**을 선택한다.

오큘러스

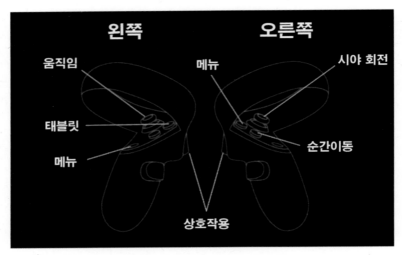

[그림 2-12] Oculus Quest 2와 같은 장치용 핸드 컨트롤러 컨트롤

데스크톱

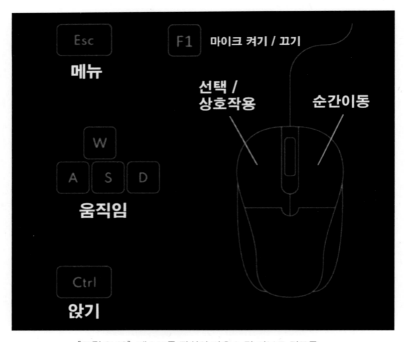

[그림 2-13] 데스크톱 장치의 마우스 및 키보드 컨트롤

3) 휴대전화와 태블릿

[그림 2-14] Android 및 iOS 휴대전화와 태블릿의 터치 컨트롤

3

초급 단계

IFX 배치 및 공유 기능

01 행사장 꾸며보기

드디어 첫 번째 실습을 시작하려고 한다. ENGAGE를 처음 다뤄 보시는 분도 쉽게 따라올 수 있도록 상세하게 안내했으니 모두가 잘 완성할 수 있기를 바란다. 이번 챕터에서는 학생회 일원이 되어 행사를 준비하는 단계를 거칠 것이다. 세션에서 극장 맵을 불러와 IFX를 스냅샷 한 뒤 생성 및 편집으로 이동하여 더 많은 IFX를 추가할 것이다. 첫 번째로 제작할 행사장이 벌써 기대가 된다.

주요 기능 SUMMARY
IFX 배치 + 스냅샷

TIP. 공개 & 비공개 세션 / IFX 태그 기능 / IFX 조정하기

1. IFX 배치

▶ 맵 내에서 ESC 키 선택

▶ IFX 탭 선택

▶ 제목으로 검색 사용

▶ 원하는 IFX 배치하기

▶ 운동, 간단한 장치 속성으로 세밀한 조정

2. 스냅샷

▶ 세션 내에서 IFX 배치

▶ ESC 탭 내의 SNAPSHOT 선택

▶ 원하는 파일명으로 저장

▶ 생성 및 편집으로 이동

▶ 왼쪽 메뉴 중 SNAPSHOT 선택

▶ '원래 IFX 위치 설정'으로 같은 장면 재생

[그림 3-1] 세션 시작

01

인게이지 플랫폼에 접속하여 로그인 후 세션 시작을 선택한다.

[그림 3-2] 세션 시작 - 극장 맵

02

공개 맵에서 '극장' 맵을 선택한다.

[그림 3-3] 세션 시작 - 극장 맵 – 본인만

03

'본인만'을 선택한 후 시작한다.

[그림 3-4] 비공개 세션 – 공개 세션 선택

TIP
공개&비공개 세션

비공개 세션을 원하는 경우 '본인만'을, 공유 세션을 원하는 경우 '다른 사람과'를 선택한다.

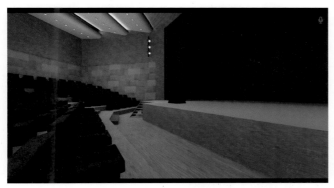

[그림 3-5] 극장 맵

04

극장 맵을 돌아다니며 기본 컨트롤 방법을 연습해본다.

[그림 3-6] IFX 탭

05

ESC 키를 누르고 하단의 항목 중 'IFX' 탭을 선택한다.

[그림 3-7] IFX 탭 클릭

TIP
IFX란?

콘텐츠 제작 및 세션 생성에 있어 검색 및 배치가 가능한 물체와 효과를 의미한다. 이 옵션을 사용하면 광범위한 라이브 러리의 IFX를 시퀀스에 추가할 수 있다.

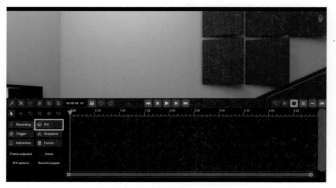

[그림 3-8] 생성 및 편집 - IFX 탭

06

생성 및 편집에서는 ESC 메뉴 키 - 왼쪽 항목 중 IFX 탭을 통해 IFX를 검색하고 선택할 수 있다.

[그림 3-9] '인간' 태그 클릭

TIP
IFX 태그 기능

오른쪽 상단의 태그 버튼을 통해 분류되어 있는 IFX를 선택할 수도 있다.

[그림 3-10] 비즈니스맨 선택

07

'인간' 태그 중 '비즈니스맨'을 선택한다.

[그림 3-11] 비즈니스맨 배치

08

'비즈니스맨'을 단상 앞에 배치한다.

[그림 3-12] 인간 IFX 배치

09

같은 방법으로 '캐주얼 차림 여자 2'와 '캐주얼 차림 남자 1'을 무대 위에 배치한다.

[그림 3-13] 간단한 장치 속성 이용

10

'간단한 장치 속성'을 사용하여 자세를 변경한다.

TIP

IFX 조정하기

★ 기즈모 유형 및 사용

ESC 메뉴창 왼쪽 상단의 아이콘을 통해 세밀한 조정이 가능하다.

● 선택 키

IFX 및 효과를 선택한다. 마우스 클릭 기능과 같다.

● 이동 기즈모

이동 기즈모를 통해 IFX의 위치를 이동시킬 수 있다. 원하는 화살표를 선택하고 **썸스틱** 또는 **스크롤 휠**을 사용하여 IFX를 이동한다.

● 회전 기즈모

이 기즈모를 사용하면 IFX를 회전할 수 있다. 원하는 축을 선택한 다음 **썸스틱** 또는 **스크롤 휠**을 사용하여 IFX를 조금씩 이동한다. 마그넷 기즈모 선택 후 사용하면 보다 세밀한 조정이 가능하다.

● 배율 기즈모

이 기즈모를 사용하면 IFX의 크기를 변경할 수 있다. 핸들을 선택하고 **썸스틱** 또는 스크롤 휠을 사용하여 IFX를 조금씩 이동한다.

● 마그넷 기즈모

더욱 세밀한 조정이 필요한 경우, 마그넷 기즈모를 통해 감도 조절을 구체화할 수 있다. 조정할 수 있는 각도까지 변경되어 아주 세밀한 위치 변경 혹은 회전이 가능하다.

● 지구본 기즈모

지구본 아이콘을 클릭해 **로컬** 및 **글로벌 버튼으로 위치** 전환이 가능하다. **글로벌**은 현실 세계와 같은 공간의 크기를 기준으로 위치를 보여 준다. 반면, **로컬**의 경우 인게이지 맵 내 공간의 크기에 따라 유저의 위치가 변경 가능하다. 그러나 IFX를 배치할 때 큰 차이는 없으므로 글로벌로 이용하는 것이 보편적이다.

★ '운동'으로 IFX 위치 변경

[그림 3-14] IFX 설정 더보기

조정하고 싶은 IFX를 선택 후 더 보기를 통해 설정 탭을 연다.

[그림 3-15] IFX 조정 – 운동

IFX 조정 시 '운동'을 통해 위치를 변경할 수 있다.

★ IFX 간단한 장치 속성

[그림 3-16] IFX 간단한 장치 속성

두 번째 '간단한 장치 속성'을 통해 세밀한 조정을 할 수 있다.

[그림 3-17] IFX 간단한 장치 기즈모

1. 선택한 **기즈모** 옵션에 따라 개체를 **재설정**한다. 예를 들어 옵션 적용 후 첫 번째 키를
   누르면 작업 전 단계로 되돌려진다. 작업 취소 기능과 같다.

2. **마그넷**은 감도 조절로도 조정이 부족한 경우 움직일 각도까지 조정하여 세밀한 조정을 가능하게 한다. *5°, 45°, 90° 등

3. **지구본 아이콘**을 클릭하여 **로컬** 이동과 **글로벌** 이동 사이를 전환한다.
   * 자세한 설명은 상단 '기즈모 유형 및 사용' 참조

4. 기즈모 아이콘을 클릭하면 **이동, 회전 및 배율 조정** 도구 사이를 전환할 수 있다. 옵션 간의 전환을 원할 때 키를 눌러 다른 기능을 사용한다.

5. 배율 버튼의 경우 감도를 설정할 수 있다. 이 아이콘과 마그넷 버튼을 적절히 사용하여 개체의 이동, 회전, 배율 값을 얼마나 빨리 변경할 수 있는지 조정한다.

6. IFX 배치가 완료된 경우 혹은 X 기호를 클릭한다. 이 버튼을 사용하면 변환 컨트롤을 종료할 수 있다.

[그림 3-18] 회전

11

간단한 장치 속성 중 회전 기능을 이용하여 마주 보는 자세로 회전시킨다.

*간단한 장치 속성 관련 기능은 상단 'TIP – IFX 조정하기' 참조

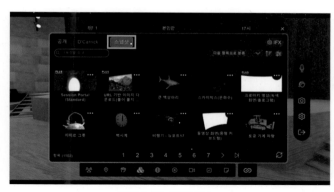

[그림 3-19] 스냅샷 버튼

12

IFX 탭 왼쪽 상단의 '스냅샷'을 선택한다.

[그림 3-20] 스냅샷 찍기

13

오른쪽 상단의 '스냅샷'을 선택한다.

[그림 3-21] 나의 IFX만 선택

14

오른쪽 상단의 '스냅샷'을 클릭한 후 '나의 IFX만'을 선택한다.

[그림 3-22] 스냅샷 저장

15

선택 후 원하는 이름으로 저장한다.

*세션 시작 시 '본인만'을 선택한 경우 '나의 IFX만'만 선택할 수 있다.

[그림 3-23] 세션 종료

16

ESC 키를 눌러 메뉴 화면에서 세션을 종료한다.

[그림 3-24] 생성 및 편집 시행

17

메인 메뉴 화면에서 '생성 및 편집'을 선택한다.

[그림 3-25] '극장' 맵 선택

18

공개 맵에서 '극장' 맵을
불러온다.

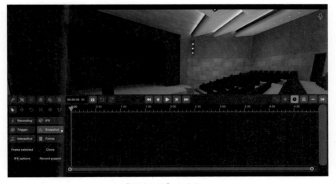

[그림 3-26] 스냅샷

19

극장 맵에서 왼쪽 항목의
'SNAPSHOT'을 클릭한다.

[그림 3-27] 스냅샷 파일

20

세션에서 스냅샷 파일로
저장한 항목을 선택한다.

[그림 3-28] 불러오기

21

세션에서 저장한 파일을 선택하고 '불러오기'를 클릭한다.

[그림 3-29] '원래 IFX 위치 설정(현장별로 다름)'

22

'원래 IFX 위치 설정(현장별로 다름)'을 선택한 후 '효과 저장'을 선택한다.

* '원래 IFX 위치 설정'을 선택하는 경우 세션에서 설정한 위치와 동일한 위치에 IFX를 배치할 수 있다.

[그림 3-30] IFX 추가

23

왼쪽 항목 중 IFX를 선택하여 더 많은 사람을 배치한다.

[그림 3-31] 행사장 완성 장면

24

IFX 태그를 통해 행사 진행에 필요한 다양한 IFX를 추가하여 행사를 꾸민다.

3장 초급 단계
IFX 배치 및 공유 기능

ENGAGE

02 캠프파이어 즐기기

이번 챕터에서는 다양한 아바타를 제작해 함께 캠프파이어를 즐겨 보려고 한다. EN-GAGE 내에서는 원한다면 언제든지 캠프파이어를 즐길 수 있다. 인간 IFX를 배치하는 것은 물론 자세와 표정까지 조정해 장소를 채울 수 있다.

주요 기능 SUMMARY
IFX 디테일 조정 + 아바타 제작

TIP. IFX 애니메이션 / 나만의 아바타 만들기

1. IFX 디테일 조정

▶ 맵 내에서 ESC 키 선택
▶ 인간 IFX 배치
▶ IFX 설정 – 애니메이션 설정
▶ 간단한 장치 속성으로 세밀한 조정
▶ 5명 이상의 인간 IFX 배치

2. 아바타 제작

▶ 메인 메뉴 화면
▶ 하단의 '내 아바타' 선택
▶ 아바타 생성 도구 사용

- ▶ 나만의 아바타 제작
- ▶ 아바타 편집, 복제, 생성 가능
- ▶ 저장 후 아바타로 활동 가능

[그림 3-32] 생성 및 편집 선택

01

인게이지 플랫폼에 접속
하여 로그인 후 생성 및
편집을 선택한다.

[그림 3-33] '삼림지 캠프파이어' 맵 선택

02

공개 맵 중에서 '삼림지 캠
프파이어' 맵을 선택한다.

[그림 3-34] IFX 선택

03

왼쪽 항목에서 IFX를 선
택한다.

[그림 3-35] 검색 태그 - 인간

04

검색 태그에서 '인간'을
선택한다.

[그림 3-36] '캐주얼 차림 남자 2' 배치

05

'캐주얼 차림 남자 2'를
클릭하여 원하는 위치에
배치한다.

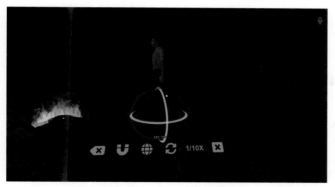

[그림 3-37] '간단한 장치' 속성 - 회전

06

IFX를 선택 후 '간단한 장치' 속성을 통해 회전 시킨다.

[그림 3-38] IFX 설정

07

ESC 키를 누르고 배열된 IFX의 설정 아이콘을 선택한다.

[그림 3-39] 'NPC 애니메이터' 효과

08

IFX 설정 내에 'NPC 애니메이터' 효과 중 'SITTING 2'를 선택한다.

TIP **IFX 애니메이션**

ENGAGE 내 IFX에 적용할 수 있는 애니메이션 기능은 매우 다양하다.

* 자세 및 표정 설정은 콘텐츠 크리에이터에서만 가능하다.

인간 IFX

[그림 3-40] 생성 및 편집 – IFX 배치

01

생성 및 편집에서 원하는 맵을 선택한 뒤 인간 IFX를 배치한다.

[그림 3-41] IFX 세부 설정

02

ESC 메뉴 화면에서 배치한 IFX의 설정 아이콘을 선택한다.

[그림 3-42] IFX 애니메이션 및 재생 시간

03

오른쪽 시작 시간과 종료 시간을 원하는 재생 길이로 설정한다. *최대 23:59:59

NPC 애니메이터 기능 항목 중에서 원하는 애니메이션을 적용할 수 있다.

[그림 3-43] 남성 IFX 배치

09

같은 방법으로 남자 사람 IFX를 두 명 배치한다.

[그림 3-44] TALKING 애니메이션 설정

10

IFX 설정을 통해 'TALKING 1'과 'TALKING 2' 효과를 각각 적용한 후 효과 저장을 누른다.

* NPC 애니메이터 효과: TALKING / SITTING / WORK OUT / ARGUING / IDLE / TREDMILRUN 등

[그림 3-45] 인간 IFX 추가

11

같은 방법을 이용하여 다수의 사람을 배치한다.

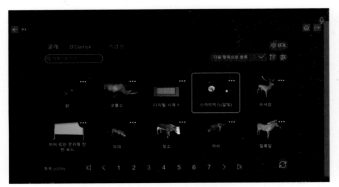

[그림 3-46] 스카이박스 (달빛)

12

IFX 항목에서 '스카이박스(달빛)'를 선택하여 날씨를 변경한다.

[그림 3-47] 날씨 변경

13

스카이박스(달빛)를 선택하면 하늘에 밝게 빛나는 보름달을 배치할 수 있다.

[그림 3-48] 캠프파이어 완성 장면

14

다른 사람들과 함께 캠프파이어를 즐기는 모습을 완성한다.

TIP 나만의 아바타 만들기

[그림 3-49] 내 아바타 선택

[그림 3-50] 새 아바타 생성 도구

[그림 3-51] 아바타

01

ENGAGE에서 첫 번째 아바타를 만들려면 새 아바타 생성 도구를 사용한다.

02

세 가지 설정을 선택하라는 메시지가 표시되면 임의의 아바타가 생성된다.

1. 성별, 피부색, 의상 스타일을 선택 후 아바타 생성을 선택한다.

2. 선택 사항에 따라 임의의 아바타가 생성된다.

3. 아바타의 모양을 저장하려면 이름을 설정하여 저장하고 계속하기를 선택한다.

03

내 아바타 탭을 선택하여 아바타를 편집, 복제, 생성할 수 있다.

생성을 통해 여러 명의 아바타를 제작해 볼 수도 있다. 나만의 아바타를 제작하여 다른 세션에 참여가 가능하다.

ENGAGE

03 나만의 전시회장 만들기

1) URL 이미지와 영상 게시 및 활용

이번 챕터에서는 자기만의 전시회장을 만들어 볼 예정이다. 전시회 내 개인이 관객들에게 전달하고자 하는 정보를 영상으로 게시하여 보여 줄 수 있는 기능이다. 영상 게시를 효율적으로 사용하면 정보 전달의 효용 또한 높일 수 있다. 자신만의 메시지를 담은 전시회장을 제작해 보자.

주요 기능 SUMMARY
URL 이미지 + 영상 게시 및 활용
TIP. 3D 공간 오디오

1. URL 이미지

▸ 생성 및 편집 혹은 세션 시작 선택

▸ 기본 메뉴 창 ESC 키 선택

▸ 검색창에 URL 검색

▸ URL 기반 이미지 다운로드 IFX 선택

▸ 원하는 이미지 주소 복사 후 효과 저장

2. 영상 게시 및 활용

▸ 생성 및 편집 혹은 세션 시작 선택

▸ ESC 키 선택 후 검색창에 URL 검색

▸ 동영상 URL IFX 선택

▸ 영상 URL 붙여넣기

▸ 공간 오디오 및 루프 선택

▸ IFX 추가 배치 후 장면 완성

[그림 3-52] 생성 및 편집 선택

01

인게이지 플랫폼에 접속
하여 생성 및 편집을 선
택한다.

[그림 3-53] '블랭크 갤러리' 맵 선택

02

공개 맵에서 블랭크 갤러
리(주간) 맵을 선택한다.

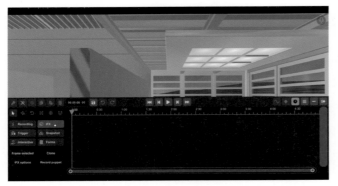

[그림 3-54] IFX 탭

03

왼쪽 항목 중 IFX 탭을
선택한다.

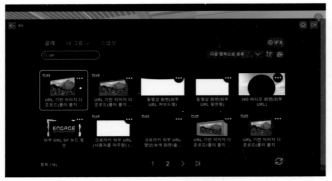

[그림 3-55] URL IFX 선택

04

ESC 메뉴 – IFX 검색창에
'URL'을 입력한다.

'URL 기반 이미지 다운로
드(불이 붙지 않음)' IFX
를 선택한다.

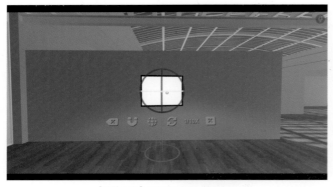

[그림 3-56] IFX 간단한 장치 속성

05

간단한 장치 속성을 사용
하여 벽에 IFX를 배치한다.

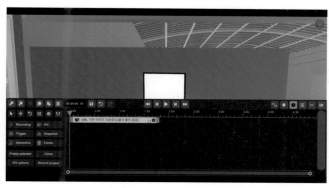

[그림 3-57] IFX 설정

06

이미지 URL IFX의 설정
을 선택한다.

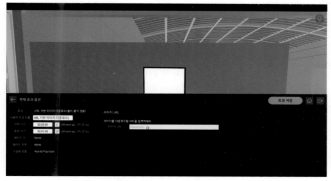

[그림 3-58] 이미지 URL 입력

07

이미지 URL 입력창에 게
시하고 싶은 이미지의
URL을 붙여 넣는다.

[그림 3-59] 이미지 주소 복사

08

이미지 URL 입력창에 게
시하고 싶은 이미지의
URL을 입력한다.

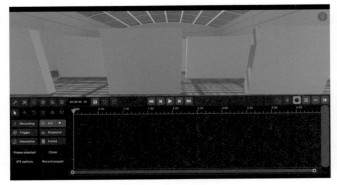

[그림 3-60] IFX 선택

09

ESC 메뉴 – IFX 선택 후 검색창에 'URL'을 입력한다.

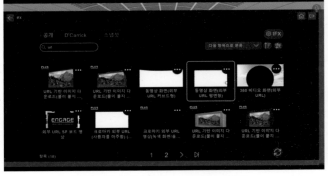

[그림 3-61] '동영상 화면(외부 URL 평면형)' 선택

10

URL IFX 중에서 '동영상 화면(외부 URL 평면형)'을 선택한다.

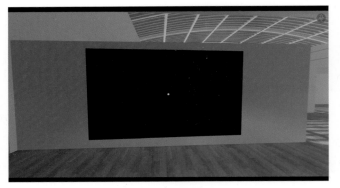

[그림 3-62] IFX 배치

11

IFX를 왼쪽 가벽에 배치한다.

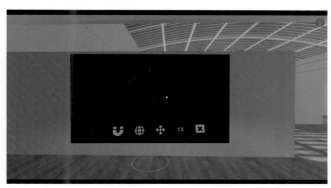

[그림 3-63] 간단한 장치 속성

12

URL 영상 IFX가 벽에 밀착될 수 있도록 간단한 장치 속성을 사용하여 세밀하게 조정한다.

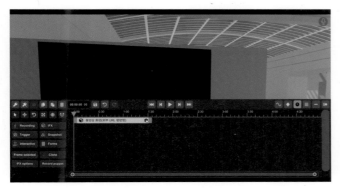

[그림 3-64] IFX 설정

13

IFX 설정 아이콘을 선택한다.

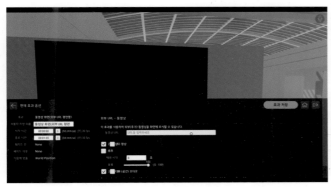

[그림 3-65] 원하는 영상의 URL 입력

14

IFX 설정을 선택하여 '동영상 URL'에 원하는 영상의 URL을 입력한다.

[그림 3-66] 원하는 영상의 URL 복사

15

원하는 영상의 URL을 복사한다.

[그림 3-67] 재생 버튼 클릭

16

'동영상 URL' 칸에 붙여 넣은 뒤 '효과 저장'을 선택한 뒤, 재생 버튼을 클릭한다.

[그림 3-68] '외부 URL SF 보드 영상'

17

다시 URL을 검색하여 '외부 URL SF 보드 영상' IFX를 선택한다.

[그림 3-69] '외부 URL SF 보드 영상' 배치

18

'외부 URL SF 보드 영상' IFX를 배치한다.

[그림 3-70] URL 입력

19

IFX 설정을 통해 같은 방법을 응용하여 영상 URL을 입력한다.

[그림 3-71] '루프'와 '3D(공간) 오디오'

TIP
3D 공간 오디오

IFX 설정에서 URL을 입력한 후 '루프'와 '3D(공간) 오디오'를 체크한다.

* 루프: 영상 무한 반복 재생

* 2D/3D 오디오: 3D 공간 오디오의 경우 이동하는 위치에 따라 소리 크기가 변화

[그림 3-72] ESC 메뉴 - IFX 선택

20

ESC 메뉴창의 IFX를 선택한다.

[그림 3-73] '인간' 태그

21

IFX 태그 기능을 활용하여 '인간'을 선택한다.

[그림 3-74] 인간 IFX 선택

22

원하는 인간 IFX를 선택하여 배치한다.

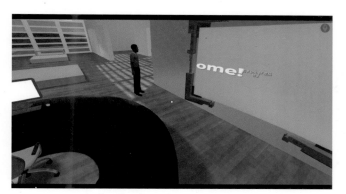

[그림 3-75] 간단한 장치 속성 - 회전

23

배치한 인간 IFX를 간단한 장치 속성을 통해 영상을 마주 보도록 회전시킨다.

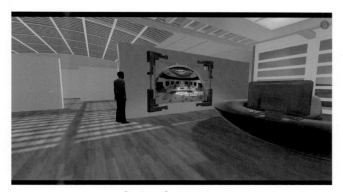

[그림 3-76] 영상 배치

24

공유하고 싶은 영상들을 추가하여 배치한다.

[그림 3-77] 전시회장 완성 장면

25

영상을 배치한 후, 다양한 IFX를 이용하여 나만의 갤러리를 구성해 보도록 한다.

ENGAGE

04 우주정거장 만들기

1) 충돌형 가속기와 시퀀스 저장

이번 챕터에서는 화성에서의 밤을 보내며 특별한 우주정거장을 만들어 볼 것이다. 화성이라는 공간은 어떤 모습일지 상상만 했을 텐데, ENGAGE를 통해 그 상상력을 마음껏 발휘해 우주정거장을 꾸며 본다. 파일을 저장하고 세션에서 재생한 뒤 다른 사람을 초대하여 나만의 독창적인 아이디어가 담긴 공간을 공유할 수도 있다.

주요 기능 SUMMARY

충돌형 가속기 + 시퀀스 저장

1. 충돌형 가속기

▸ 생성 및 편집 혹은 세션 시작 선택

▸ 기본 메뉴 창 ESC 키 선택

▸ 충돌형 가속기 기능이 포함된 기계 선택

▸ 검색창에 충돌형 가속기 검색

▸ 충돌형 가속기 활성화 후 파일 저장 후 세션에서 불러오기

2. 시퀀스 저장

▸ 생성 및 편집 선택

▸ ESC 키 선택 후 IFX 배치

▸ 배치한 IFX 길이 및 파일 길이 설정(TIP. 파일 및 IFX길이 설정 -23:59:59)

▸ 세션 시작으로 이동

▸ 콘텐츠 탭 - 기기 스토리지에서 파일 불러오기

▸ 연습하기를 통해 시퀀스 기능 파악하기

[그림 3-78] 생성 및 편집 실행

01

인게이지 플랫폼에 접속하여 생성 및 편집을 실행한다.

[그림 3-79] '화성 표면' 선택

02

공개 맵에서 '화성 표면' 맵을 선택한다.

[그림 3-80] 맵 불러오기

03

'화성 표면' 맵을 불러온다.

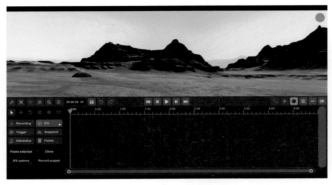

[그림 3-81] IFX 선택

04

IFX 탭을 선택한다.

[그림 3-82] '우주' 태그 선택

05

IFX '우주' 태그를 선택한다.

[그림 3-83] 스카이박스(달빛)

06

'스카이박스(달빛)'을 배치
한다.

[그림 3-84] IFX 우주비행사

07

같은 방법으로 '우주' 태
그 검색 후 '우주 비행사'
한 명을 추가로 배치한다.

[그림 3-85] 우주비행사 배치

08

IFX 설정을 선택한다.

[그림 3-86] WORKOUT 1 동작

09

IFX 설정을 통해 우주비행사에게 'WORK OUT 1' 애니메이션을 설정한다.

[그림 3-87] TALKING 1 동작

10

우주비행사 한 명을 더 배치해 'TALKING 1'을 설정하여 대화하는 듯한 장면을 완성한다.

[그림 3-88] 'PERSEVERANCE' 배치

11

'PERSEVERANCE' IFX를 검색하여 배치한다.

[그림 3-89] 충돌형 가속기 활성화

12

IFX 설정에서 '충돌형 가속기 활성화'를 체크한다.

[그림 3-90] 충돌형 가속기 검색

13

IFX 검색창에 '충돌형 가속기'를 검색한다.

[그림 3-91] 충돌형 가속기 - 플랫폼 선택

14

'눈에 보이지 않는 충돌형 가속기 – 플랫폼' IFX를 선택한다.

[그림 3-92] 충돌형 가속기 플랫폼 배치

15

선택한 '충돌형 가속기 플랫폼'을 기계 밑에 배치한다.

*배치한 플랫폼은 효과 저장 후 눈에 보이지 않는다.

[그림 3-93] 충돌형 가속기 활성화 체크

16

IFX 설정에서 '충돌형 가속기 활성화'를 체크한다.

[그림 3-94] 재생 시간 설정

17

모든 IFX 재생 시간을 23:59:59로 맞춘다.

*세션의 최대 재생 길이 - 23:59:59 시간 범위를 같게 설정해야 세션에서 파일을 불러올 때 IFX가 사라지거나 끊기는 등의 문제가 발생하지 않는다.

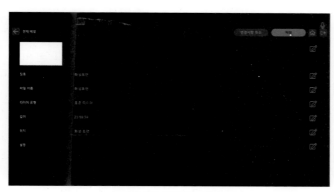

[그림 3-95] 파일 길이 설정

18

파일 길이 역시 23:59:59
로 맞추고 저장한 뒤 세
션으로 옮겨간다.

[그림 3-96] 세션 시작

19

세션 시작을 선택 후 '화
성 표면 맵'을 선택한다.

[그림 3-97] 콘텐츠 탭

20

화성 표면 맵에서 ESC
메뉴 창 하단의 '콘텐츠'
를 선택한다.

[그림 3-98] 기기 스토리지

[그림 3-99] 파일 불러오기

[그림 3-100] 파일 확인

21

상단의 '기기 스토리지' 탭을 선택한다.

22

'생성 및 편집'에서 방금 전 저장한 파일을 불러온다.

23

파일을 불러온 뒤 저장한 장면과 동일한지 확인한다.

[그림 3-101] 충돌형 가속기 체크

24

충돌형 가속기를 설치한 기계를 통과하지 않는지 다가가서 확인한다.

[그림 3-102] 우주 정거장 완성 장면

25

각종 IFX를 추가하여 본 인만의 우주 정거장을 완성한다.

TIP 시퀀스 1

ENGAGE에서 제작한 콘텐츠를 저장한 뒤 불러오는 방법은 매우 다양하다. 제작 중인 콘텐츠를 저장 후 다시 추가하여 완성할 수도 있고, 세션과 생성 및 편집을 오가며 자유롭게 저장했던 파일을 불러올 수도 있다. 이번 우주정거장 만들기에서의 파일 저장 후 세션에서 재생하는 방법은 ③ **컴퓨터에서 저장한 시퀀스 불러오기**를 응용해 보았다. 이 외의 방법들도 연습해 본다.

① 저장된 장면 불러오기

[그림 3-103] 생성 및 편집 선택

01
인게이지 메인 메뉴 화면에서 '생성 및 편집'을 선택한다.

[그림 3-104] 시퀀스 로드하기

02
저장해 놓은 파일을 불러오기 위해서는 '시퀀스 로드하기'를 선택한다.

[그림 3-105] 기기 내 파일 선택

03

'생성 및 편집'에서 저장한 파일 중 원하는 파일을 선택한다.

[그림 3-106] 파일 불러오기

04

불러오기를 선택한 후 위치로 이동한다.

이동 후 원하는 IFX 혹은 효과를 추가하거나 새롭게 저장할 수 있다.

② 시퀀스 내에서 불러오기

[그림 3-107] 생성 및 편집 선택

01

메인 메뉴 화면에서 '생성 및 편집'을 선택한다.

[그림 3-108] 시퀀스 선

02

새 시퀀스 혹은 시퀀스 로
드하기 중 원하는 시퀀스
를 선택한다.

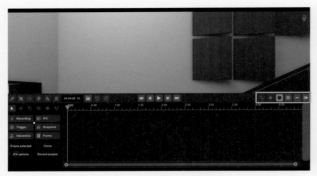

[그림 3-109] 맵 내의 더보기 탭

03

오른쪽 기본 메뉴 중 더
보기 탭을 선택한다.

[그림 3-110] 시퀀스 옵션 선택

04

시퀀스 옵션 중 나의 시
퀀스(My Sequences)를
선택한다.

[그림 3-111] 저장 파일 선택

05

저장해 놓은 파일 중 불러오고 싶은 파일을 선택한다.

[그림 3-112] 선택 파일 불러오기

06

파일 불러오기를 선택하면 위치를 불러올 수 있다.

[그림 3-113] 위치 불러오기

07

확인을 선택하여 저장해 놓은 시퀀스로 이동한다.

[그림 3-114] 시퀀스 내에서 시퀀스로 이동

08

불러오기를 통해 선택한 파일이 맞는지 확인 후 IFX를 추가하여 장면을 완성한다.

③ 컴퓨터에서 저장한 시퀀스 불러오기

PC 내의 문서 → ENGAGE 내에서 스냅샷, 마이 레슨, 녹화 장면을 확인할 수 있다.

[그림 3-115] 장치 내 ENGAGE 파일

01

본인의 장치 내에 저장된 여러 분류의 파일을 인게 이지 내에서 불러올 수 있다.

[그림 3-116] ENGAGE 세션 시작

02

ENGAGE 내의 세션 시작 을 선택한다.

[그림 3-117] 세션 맵 선택

[그림 3-118] 세션 내 콘텐츠 – 기기 스토리지

[그림 3-119] 파일 선택

03

원하는 맵을 선택한 후
입장한다.

04

세션 내에서 기본 메뉴창
ESC 키를 선택 후 하단
의 '콘텐츠'를 선택한다.

콘텐츠 탭 상단의 '기기
스토리지'를 선택한다.

05

저장해 놓은 파일 중 불
러오고 싶은 파일을 선택
한다.

불러오기를 선택하면 세
션을 불러와 원하는 시퀀
스로 이동한다.

4

── 중급 단계 ──

인게이지에 대한 이해 기반 구현 가능

* 중급 단계부터 실습 사진의 주요 기능 표시 생략

01 순간 이동 경험해 보기

1) 순간 이동과 텔레포트 / 트리거 버튼

ENGAGE라는 가상공간은 기술의 성숙을 거듭하며 점차 현실적이게 변하고 있다. 그와 동시에 제약 없이 넘나들 수 있는 다양한 공간 체험과 같은 판타지도 혁신을 거듭하는 중이다. 이번 챕터에서는 공간 이동과 텔레포트 기능을 소개할 예정이다.

주요 기능 SUMMARY
IFX 배치 + 스냅샷

순간 이동과 텔레포트 + 트리거 버튼

TIP 순간 이동과 텔레포트 / 트리거 / 시퀀스 개체 유형

1. 순간 이동과 텔레포트

▶ 기본 순간 이동 – 마우스 우클릭

▶ 이동 가능 위치 확인하기

▶ 텔레포트 형태 확인하기

▶ 포털로 공간 이동 경험하기

2. 트리거 버튼(포털 이용)

▸ ESC 메뉴창 – TRIGGER

▸ 트리거 선택

▸ 효과 선정 – IFX, 인터랙티브 등

▸ **포털 IFX는 관리자 계정으로만 생성 가능**

▸ 그 외 IFX 선택 후 연습하기

▸ 저장 후 세션에서 재생하기

TIP 순간 이동과 텔레포트

① 순간 이동

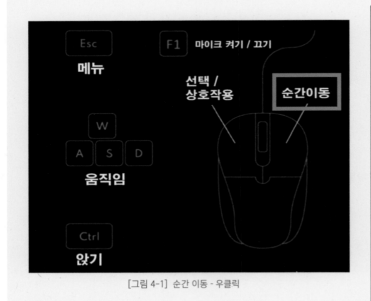

[그림 4-1] 순간 이동 - 우클릭

01

마우스의 우클릭은 EN GAGE 내의 순간 이동을 가능하게 한다.

[그림 4-2] 순간 이동 가능 포인트

02

마우스의 우클릭을 유지한 상태로 화면을 둘러볼 때 초록색 원으로 표시되는 지점이 이동 가능한 포인트를 의미한다.

[그림 4-3] 순간 이동 불가능

03

원이 빨간색인 경우는 마우스 클릭을 해제해도 순간 이동이 발생하지 않는다.

[그림 4-4] 순간 이동으로 착석하기

04

같은 원리로 착석이 가능한 맵의 경우 초록색 'SIT'이 보이는 자리에는 착석할 수 있다.

*강의실, 교실, 회의실 등

4장 중급 단계 인게이지에 대한 이해 기반 구현 가능

② 텔레포트

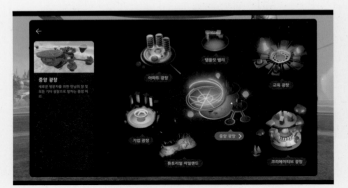

[그림 4-5] 인게이지 메인 메뉴 중앙광장

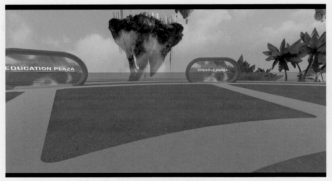

[그림 4-6] 중앙광장의 포털

[그림 4-7] 포털의 다른 형태

01

인게이지 메인 메뉴에 있는 중앙광장에 입장한다.

* 포털을 이용하기 위해서는 첫 번째 사람이 이동 후 다른 사람은 몇 초간 기다려야 한다. 포털을 통과하는 첫 번째 사람은 포털이 활성화되도록 유발하는 것이다.

02

중앙광장의 타원형 포털이다.

03

다른 모양의 포털도 존재한다.

[그림 4-8] 세션 시작

[그림 4-9] 맵 선택

[그림 4-10] IFX- 포털 선택

04

*관리자 계정이 없는 경우 포털 IFX는 사용 불가

세션 시작을 선택한다.

05

사용자가 경험하고 싶은 맵을 선택한다.

06

세션에 입장 후 ESC 키 - 메뉴 화면 하단의 IFX 탭에서 포털 IFX를 선택한다.

4장 중급 단계
인게이지에 대한 이해 기반 구현 가능

[그림 4-11] 세션 ID 입력

07

포털을 통해 이동하고자 하는 세션의 ID를 입력 후 포털 생성을 누른다.

[그림 4-12] 포털 생성

08

포털 생성이 완료되면 포털을 통과하여 공간 이동을 경험할 수 있다.

TIP

트리거 버튼

● **트리거**

트리거를 사용하면 시퀀스에서 인터랙티브형 요소를 설정할 수 있다.

트리거는 버튼 혹은 효과를 선택하여 시퀀스의 특정 부분으로 이동하거나 IFX가 생겨나

도록 할 수 있다.

[그림 4-13] TRIGGER 아이콘

[그림 4-14] TRIGGER 유형

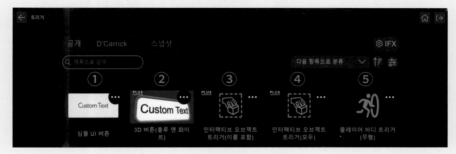

[그림 4-15] 심플 UI 설정

1. 심플 UI 버튼: 세션 내 원하는 위치에 버튼을 생성할 수 있다.

   UI 텍스트 입력 칸에 사용자들에게 보일 문구를 작성한다.

   설정을 통해 버튼 모양을 변경할 수 있다. * 외 트리거 설정 방식은 심플 UI와 동일하다.

2. 3D 버튼: 내용은 심플 UI 버튼과 같지만 3D 모양으로 보인다.

3. 인터랙티브 오브젝트 트리거(모두) - 모든 인터랙티브 개체에 의해 트리거된다.

4. 인터랙티브 오브젝트 트리거(이름 포함) - 인터랙티브 IFX 사용자 지정 이름이 대화형 개체 트리거 UI 텍스트 상자의 이름과 일치하는 경우에만 트리거 된다.

5. 플레이어 보디 트리거: 플레이어가 통과하면 지정 효과가 발생된다. 특정 위치에서 듣고 싶은 음향 효과를 설정하거나 입장 시 방에 화면을 생성하는 등 다양한 시나리오에 사용할 수 있다.

트리거 버튼을 통해 포털 이용하기

* 포털 생성은 관리자 계정으로만 가능하므로 사용자들은 다른 IFX 효과를 선택하여 응용해 본다.

[그림 4-16] 생성 및 편집 선택

01

인게이지 플랫폼에 접속하여 생성 및 편집을 선택한다.

[그림 4-17] 새 시퀀스

02

새 시퀀스를 선택한다.

[그림 4-18] '간부 회의실' 선택

03

공개 맵에서 ENGAGE 간부 회의실 맵을 선택한다.

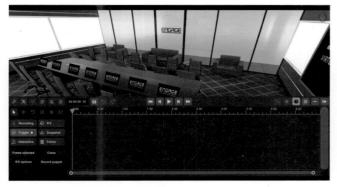

[그림 4-19] 트리거 선택

04

생성 및 편집 내 왼쪽 항목에서 'TRIGGER'를 선택한다.

[그림 4-20] 호스트 전용 IFX 트리거 텍스트 버튼

05

'호스트 전용 IFX 트리거 텍스트 버튼' IFX를 선택한다.

[그림 4-21] 트리거 버튼 배치

06

트리거 버튼을 세션 내 원하는 위치에 배치한다.

[그림 4-22] IFX 설정

07

ESC 키 – 메뉴 화면에서 배치한 트리거 버튼의 IFX 설정을 클릭한다.

[그림 4-23] UI 텍스트

08

UI 텍스트에 '클릭'이라
고 입력한다.

* 입력한 내용이 버튼 위에 보
인다.

[그림 4-24] 트리거 효과

09

텍스트 입력 칸 왼쪽에
트리거 효과 - 'New' 버
튼을 클릭한다.

[그림 4-25] 효과 유형 중 IFX 선택

10

추가하려는 효과 유형 중
'IFX'를 선택한다.

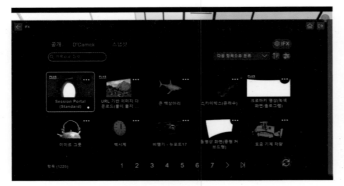

[그림 4-26] 포털 선택

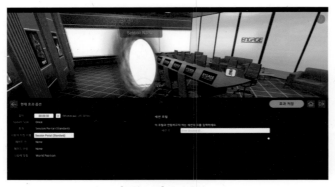

[그림 4-27] 효과 옵션

[그림 4-28] 세션 길이 설정

11

IFX 중 '포털' IFX를 선택한다.

* 포털 제작이 불가능한 계정의 경우 원하는 IFX를 선택하여 연습한다.

12

포털의 옵션을 설정한다. 재생 시간과 세션 ID를 입력한다.

13

포털 재생 길이를 '10초'로 설정한다면 트리거 버튼 클릭 후 10초 동안만 포털이 생성된다.

[그림 4-29] 포털 생성 확인

14

효과 저장 후 트리거 '클릭' 버튼을 눌러 포털이 나타나는지 확인한다.

[그림 4-30] 저장

15

세션에서 시퀀스를 재생하기 위해 파일을 저장한다. 저장 버튼을 누른다.

[그림 4-31] 시퀀스 저장

16

시퀀스의 재생 길이를 23시간 59분 59초까지로 설정 후 저장한다.

[그림 4-32] 세션 참가

17

생성 및 편집 종료 후 메인 메뉴 화면에서 세션 참가를 선택한다.

[그림 4-33] 디캐릭 메타 월드 세션

18

세션 참가 – 라이브 항목 중 'Hello! Welcome to Dcarrick Metaworld!' 세션을 선택한다.

[그림 4-34] 세션 아이디 복사

19

'Hello! Welcome to Dcarrick Metaworld!' 세션의 아이디를 복사 혹은 메모한다.

[그림 4-35] 세션 시작

20

메인 메뉴 화면에서 세션 시작을 선택한다.

[그림 4-36] 장소 선택

21

메인 화면에서 세션 시작을 선택해 입장한다. 공개 맵에서 사용자가 원하는 맵을 선택한다.

[그림 4-37] 콘텐츠

22

ESC를 눌러 메뉴 화면을 키고, 하단의 콘텐츠 탭을 클릭 후 상단의 기기 스토리지를 선택한다.

─○── ENGAGE ─────────────────────────────────○─

[그림 4-38] 파일 선택

23

생성 및 편집에서 저장한 파일을 선택하고 불러오기를 누른다.

[그림 4-39] 위치 불러오기

24

위치 불러오기를 누르면 파일을 저장했던 맵의 위치로 이동하게 된다.

[그림 4-40] 트리거 버튼 클릭

25

이동 후 배치되어 있는 '클릭' 트리거 버튼을 눌러 포털이 생성되는지 확인한다.

104   01 순간 이동 경험해 보기

[그림 4-41] 포털 이동

26

생성된 포털을 통과한다.

[그림 4-42] 포털 이동 완료

27

포털을 통과하면 다른 위
치로 이동하게 된다.

[그림 4-43] 회의장 완성 장면

28

다시 회의실 맵으로 돌아
와 필요한 IFX를 추가하
여 회의장의 모습을 완성
한다.

TIP 트리거 버튼으로 IFX 생성하기

[그림 4-44] 생성 및 편집

01

인게이지 플랫폼에 접속하여 '생성 및 편집'을 선택한다.

[그림 4-45] 새 시퀀스

02

콘텐츠 편집자 탭에서 '새 시퀀스'를 선택한다.

[그림 4-46] SNOWY RIVER

03

공개 맵 중에서 'SNOWY RIVER'를 선택한다.

[그림 4-47] 위치 업데이트

04

선택 후 처음 액세스하는 위치의 경우 위치를 다운 로드해야 불러올 수 있다.

[그림 4-48] ESC 메뉴 - TRIGGER

05

맵에 접속했다면 ESC 키를 눌러 메뉴 화면을 불러온다.

왼쪽의 항목 중 'TRIGGER'를 선택한다.

[그림 4-49] ESC 메뉴 - TRIGGER

06

나열된 트리거 IFX 목록 중 '심플 UI 버튼' IFX를 선택한다.

[그림 4-50] 심플 UI 버튼 IFX 배치

07

선택한 '심플 UI 버튼' IFX를 원하는 위치에 배치한다.

[그림 4-51] ESC 메뉴 – IFX 설정

08

ESC 키를 통해 배치된 IFX를 확인하고 IFX의 설정 버튼을 선택한다.

[그림 4-52] TRIGGER 효과 옵션

09

'심플 UI 버튼' IFX 효과 옵션 중 'UI 텍스트' 입력 칸에 '터치'라고 작성한다. 작성 후 하단의 색상 배합을 'RED'로 선택한다.

[그림 4-53] 트리거 효과 - NEW

[그림 4-54] 추가 효과 유형 - IFX

[그림 4-55] IFX 선택 – 스카이 박스

10

UI 텍스트와 색상 배합을 선택하였다면 오른쪽의 '트리거 효과 - NEW' 버튼을 선택한다.

11

트리거 버튼을 눌렀을 때 IFX가 생성되도록 하기 위해 추가하려는 효과 유형 중 'IFX'를 선택한다.

12

원하는 IFX를 선택한다.

예를 들어, 버튼을 눌렀을 때 날씨가 어두워지는 효과를 불러오고 싶다면 '스카이 박스(달빛)' IFX 를 선택한다.

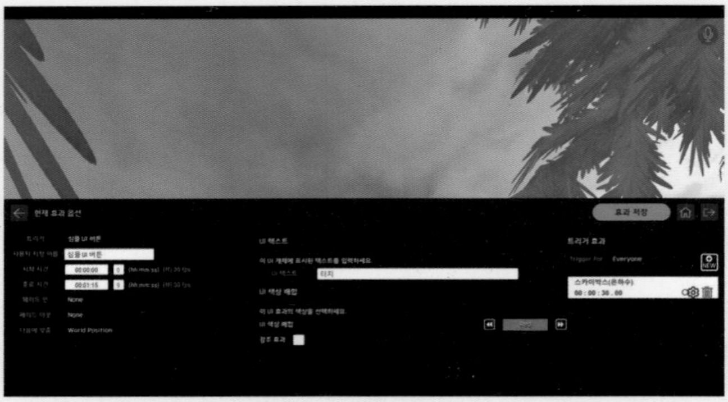

[그림 4-56] 트리거 효과 설정

13

다시 한번 ESC 키를 눌러 배치한 트리거 효과의 설정 버튼을 선택한다.

[그림 4-57] 트리거 효과 재생 길이

14

트리거 버튼을 눌렀을 때 IFX 효과가 지속되기를 바라는 재생 시간을 입력한다.

10초 동안 밤이 찾아오도록 설정한다.

* 시작 시간도 특정하여 저장해도 무관하다.

[그림 4-58] 효과 저장

15

효과 종료 시간을 10초로 설정하였다면 '효과 저장'을 선택한다.

[그림 4-59] 트리거 종료 시간

16

트리거 효과의 지속 시간을 10초로 설정하였다면, 트리거 자체의 종료 시간은 '23:59:59'로 설정한다.

[그림 4-60] 파일 저장

17

세션으로 옮겨가 재생하기 위해 파일을 저장한다.

[그림 4-61] 파일 저장 길이

18

파일 저장 길이 역시 세션과 동일한 '23:59:59'로 설정 후 저장을 선택한다.

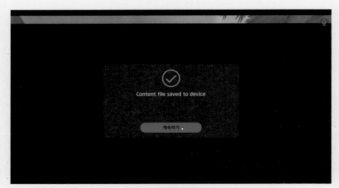

[그림 4-62] 저장 확인 안내

19

저장 확인 안내가 보이면 '계속하기'를 선택한다.

[그림 4-63] 세션 종료

20

트리거와 IFX, 파일 저장 길이까지 확인했다면 오른쪽 항목을 통해 세션을 종료한다.

[그림 4-64] 세션 시작

21

세션에서 파일을 불러오기 위해 메인 메뉴 화면에서 '세션 시작'을 선택한다.

[그림 4-65] 비공개 세션 - 나만

22

트리거 효과를 확인하기 위한 세션이므로 '개인 세션(비공개) - 본인만' 을 선택한다.

[그림 4-66] 세션 – 콘텐츠 탭

23

세션에 입장 후 ESC 키를 통해 하단의 '콘텐츠' 탭을 선택한다.

[그림 4-67] 콘텐츠 – 기기 스토리지

24

콘텐츠 항목 상단의 '기기 스토리지' 탭을 선택한다.

[그림 4-68] 저장 파일 선택

25

'생성 및 편집'에서 저장한 파일을 선택한다.

[그림 4-69] 파일 불러오기

26

저장 장면을 확인하기 위해 '불러오기'를 선택한다.

[그림 4-70] 트리거 버튼 확인 및 클릭

27

생성 및 편집에서 배치한 트리거 버튼이 같은 위치에 존재하는지 확인한다.

버튼에 가까이 다가서서 클릭한다.

[그림 4-71] 트리거 효과 확인

28

트리거 버튼을 클릭했을 때 '스카이 박스(달빛)' IFX가 생성되는지 확인한다.

[그림 4-72] 트리거 효과 종료

29

재생 길이(지속 시간)로 설정한 10초 이후 스카이 박스 효과가 삭제되는지 확인한다.

TIP
시퀀스 개체 유형

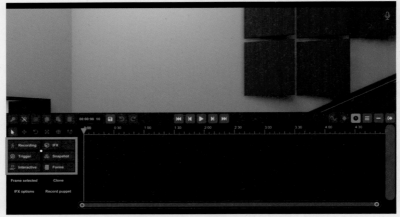

[그림 4-73] 위치 이동 후 첫 화면

위치 이동 후 보이는 타임라인에는 6가지의 시퀀스 개체가 있다.

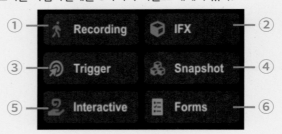

[그림 4-74] 시퀀스 6개 유형의 개체

1. RECORDING – 레코딩을 사용하면 ENGAGE에서 자신과 다른 사람을 녹화할 수 있다. ENGAGE 내의 화면이 녹화된다. 또한, 세션에서 녹화한 장면의 파일을 불러올 수 있다. 이 옵션을 사용하는 경우 시퀀스에 추가할 수 있다.

2. IFX – 콘텐츠 제작 및 세션 생성에 있어 배치가 가능한 물체와 효과를 의미한다. 이 옵션을 사용하면 IFX를 시퀀스에 추가할 수 있다. * 오디오 효과, 3D 모델, 시각

3. TRIGGER – 트리거를 사용하면 시퀀스에서 특별한 이벤트가 발생하도록 설정할 수 있다. 예를 들어, 특정 버튼 혹은 공간에 진입하는 경우 사운드가 재생되거나 IFX가 생성되는 등 효과가 적용된 콘텐츠를 제작할 수 있다.

4. SNAPSHOT – 스냅샷은 세션에서 배치한 여러 개의 IFX를 생성 및 편집에서 하나의 IFX 용량으로, 같은 위치에 그대로 배치할 수 있다. 즉 이 버튼을 사용하면 ENGAGE 세션에서 만든 스냅샷을 로드하고 시퀀스에 배치할 수 있다.

5. INTERACTIVE – 시퀀스에 인터랙티브 IFX를 추가할 수 있다. 주로 HMD 기기를 통해 물건을 잡거나 효과를 이용해 볼 수 있다.

6. FORMS – 양식을 통해 질문을 생성하고 대답을 제출하는 등 세션 내에서의 상호 작용이 가능하다.

ENGAGE

02 공연장 제작하기

1)   크로마키 영상 활용과 시퀀스 저장

이번 챕터에서는 특별한 감성이 가득한 공연장을 만들어 보고자 한다. 직접 공연장에 가서 공연을 즐길 수도 있지만, 코로나19 이후 시작된 언택트 시대에는 비대면 공연, 직장 내 문화 예술 활동도 활발하게 이루어지고 있다. 이번 챕터를 통해 각종 공연장을 구성하고 영상도 함께 게시할 수 있게 연습해 본다. 공연장 만들기에 사용자가 익숙해진다면, 문화 기획도 가능할 것으로 보인다.

주요 기능 SUMMARY
크로마키 영상 활용 + 시퀀스 저장

TIP. 사용자를 마주하는 스크린 기능 / 버튼 가이드

1. 크로마키 영상 활용

▶ 생성 및 편집 선택

▶ 원하는 맵 선택 (공연장, VIVE EVENT STAGE 등)

▶ IFX - URL: 크로마키 영상 선택

▶ 영상 재생하기

2. 시퀀스 저장

▶ 새로운 시퀀스 시작하기

▶ 시퀀스 저장하기

▶ 설정 가이드 저장

▶ 버튼 가이드

[그림 4-75] 생성 및 편집

01

인게이지 플랫폼에 접속
하여 생성 및 편집을 선
택한다.

[그림 4-76] 'Vive 이벤트 스테이지' 선택

02

공개 맵에서 'Vive 이벤
트 스테이지' 맵을 선택
한다.

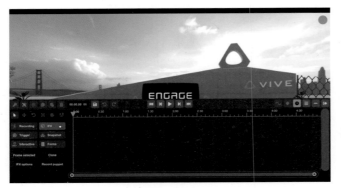

[그림 4-77] IFX 선택

03

왼쪽 항목에서 IFX 탭을
클릭한다.

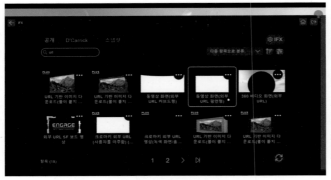

[그림 4-78] 동영상 화면 URL 선택

04

검색란에 URL을 검색하
고 '동영상 화면(외부
URL 평면형) IFX'를 선
택하여 배치한다.

[그림 4-79] URL 링크 입력

05

IFX 설정 내에 URL 링크
를 붙여넣기 할 수 있다.

[그림 4-80] 영상 URL 복사하기

06

재생하고자 하는 영상의
URL을 복사한다.

[그림 4-81] 루프 설정

07

영상 URL을 붙여 넣고,
반복 재생인 '루프'를 선
택한다.

* '루프'를 선택하는 경우 영상
이 무한 반복 재생된다.

[그림 4-82] 공연장 영상 재생

08

재생 버튼을 실행하여 공
연장에 영상이 재생되고
있는지 확인해 본다.

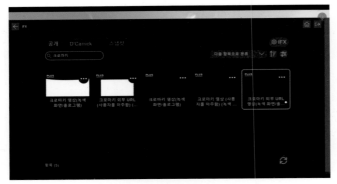

[그림 4-83] 크로마키 IFX 설정

09

ESC 메뉴창을 열어 IFX 를 선택한 후 '크로마키' 를 검색한다.

'크로마키 외부 URL 영상(녹색 화면/홀로그램) - 검은 버전' IFX를 선택 한다.

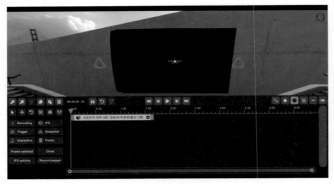

[그림 4-84] 크로마키 IFX 배치

10

관객석에서 영상이 잘 보 일 수 있는 위치에 IFX를 배치한다.

[그림 4-85] 링크 복사

11

재생하고자 하는 크로마 키 영상을 검색하여 해당 링크의 URL을 복사한다.

[그림 4-86] 링크 복사

12

재생하고자 하는 크로마
키 영상을 검색하여 해당
링크의 URL을 복사한다.

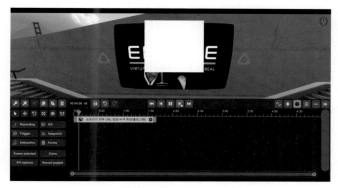

[그림 4-87] 재생하기

13

저장 후 재생 버튼을 실
행하여 크로마키 영상을
확인한다.

TIP
사용자를 마주하는 영상 기능

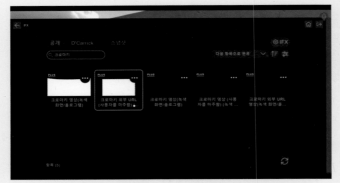

[그림 4-88] 크로마키 외부 URL (사용자를 마주함)

01

크로마키 외부 URL - (사용자를 마주함) IFX를 배치한다.

[그림 4-89] IFX 배치

02

원하는 위치에 IFX를 배치한다.

[그림 4-90] URL 붙여넣기

03

IFX 설정을 선택하여 재생하고자 하는 영상의 URL을 붙여 넣는다.

[그림 4-91] 재생

04

'사용자를 마주하는 기능'이 포함된 IFX는 관람자가 어느 위치에서도 영상을 마주 볼 수 있도록 영상의 각도가 변화되는 기능이다.

[그림 4-92] 세션 저장

14

완성한 파일을 저장한다.

파일 및 IFX 재생 길이 시간은 23시간 59분 59초로 설정한다.

[그림 4-93] 세션 시작

15

메인 메뉴 화면에서 세션 시작을 선택한다.

[그림 4-94] 맵 선택

16

공개 맵에서 사용자가 원하는 맵을 선택한다.

[그림 4-95] 불러오기

17

ESC 메뉴 화면의 하단 콘텐츠 탭 - 상단 기기 스토리지 탭을 선택하여 제작한 파일을 불러온다.

[그림 4-96] 맵 확인

18

생성 및 편집에서 완성 후 저장한 파일이 재생되는지 확인한다.

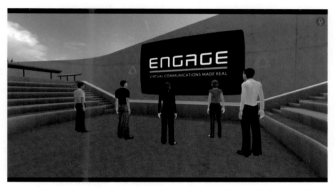

[그림 4-97] IFX 배치

19

관객을 배치하기 위해 인간 IFX를 추가한다.

[그림 4-98] 공연장 완성 장면

20

인간, 날씨, 풍선 등 공연장에 추가하고자 하는 IFX를 선택하여 공연장의 모습을 완성한다.

4장 중급 단계 대한 이해 기반 구현 가능

TIP

1. 버튼 가이드

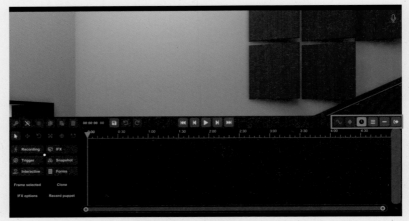

[그림 4-99] 오른쪽 상단 기본 버튼

● 곡선 편집기

이 버튼을 누르면 곡선 편집기로 이동한다. 이것은 고급 애니메이션 도구 중 하나이다.
여기에서 애니메이션 곡선을 보고 편집할 수 있다.

● 타임라인

이 버튼을 누르면 타임라인 패널로 이동할 수 있다. 개체를 추가할 수 있는 패널이다. 장
면을 편집하고 트리거 및 기타 효과를 추가한다.

● 메뉴

메뉴창을 열어 사용할 수 있는 기능을 선택할 수 있다. ESC 키와 같은 기본 메뉴 키라고
할 수 있다.

● 최소화

메뉴를 최소화한다. 데스크톱을 사용 중 일시에는 키보드의 ESC 키를 누르는 것을 통해
메뉴를 다시 열 수 있다.

● 나가기

세션을 나가게 해준다. 세션 종료 후 ENGAGE의 메인 메뉴로 돌아오게 한다.

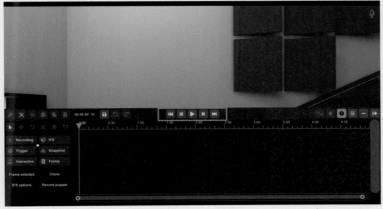

[그림 4-100] 시퀀스 재생 컨트롤

기본 메뉴 중앙에 위치한 재생 컨트롤 탭을 이용하여 시퀀스 재생, IFX의 시작 또는 끝으
로 이동할 수 있다.

ENGAGE

03 기내 승무원 체험하기

　이번 챕터에서는 직접 기내 승무원이 되어 안내 방송을 진행할 것이다. 직접 만든 개인의 아바타가 등장하여 설정한 움직임 그대로 활동하며 기내를 돌아다닐 수도 있다. 이 파트를 잘 따라온다면, 안내 방송과 같은 기획 이외에도 발표, 연설 등의 환경에서도 응용하여 사용할 수 있을 것이다. 음성 녹음 및 녹화 기능부터 차근차근 적용해 보며 실제 정보 전달을 위해 사용할 수 있도록 연습해 보도록 한다.

주요 기능 SUMMARY
레코딩 기능 + 시퀀스

TIP. 사운드와 마이크 / 시퀀스 2

1. 레코딩 기능

- ▸ 재생할 MP3 파일 다운로드
- ▸ 세션 시작
- ▸ 하단의 레코딩 탭 선택
- ▸ 기록하기

▶ 녹화본 수정 및 저장

▶ 파일 불러오기

2. 시퀀스

▶ 새로운 시퀀스 시작하기

▶ 시퀀스를 저장하는 방법

▶ 설정 가이드 저장

TIP 사운드와 마이크

★ 오디오 설정

① ENGAGE 사운드

[그림 4-101] 인게이지 메인 화면 내 설정

01

메인 화면 내 오른쪽 상단 설정 버튼을 통해 앱 내 볼륨을 조절할 수 있다.

② ENGAGE 마이크 온 오프

[그림 4-102] 인게이지 마이크 아이콘

02

마이크 아이콘으로 사용자의 음성 녹화 유무를 선택할 수 있다.

[그림 4-103] 세션 시작

01

인게이지 플랫폼에 접속하여 세션 시작 선택 후 여객기 객실 맵을 선택한다.

사전에 재생할 기내 방송 MP3를 다운로드해놓는다.

* MP3 다운로드-데스크톱 파일-문서-ENGAGE-MY RECORDINGS에 저장

[그림 4-104] 레코딩

02

ESC 메뉴 화면 내 하단에 있는 레코딩 탭을 선택한다.

[그림 4-105] 기록 버튼

03

오른쪽 상단의 기록 버튼을 누르면 녹화가 시작된다.

[그림 4-106] 모두 선택

04

기록하고 싶은 대상을 선택한다. '모두'를 선택하고 기록을 누른다.

[그림 4-107] 기록

05

기록하는 동안 실제 승무원이 되었다고 생각하며 기내를 돌아다닌다.

[그림 4-108] 녹화본 저장

06

녹화 종료 후 '기내 방송'이라는 이름으로 녹화본을 저장한다.

[그림 4-109] 목록에서 파일 찾기

07

저장한 파일은 레코딩 탭 내의 목록에서 찾아볼 수 있다.

[그림 4-110] 불러오기

08

녹화본을 재생하기 위해
저장한 파일을 선택하여
불러온다.

[그림 4-111] 재생

09

재생 버튼을 선택한다.

[그림 4-112] 저장된 녹화본 확인

10

본인의 움직임이 제대로
녹화되었는지 저장된 장
면을 확인한다.

[그림 4-113] 설정 - 레코딩

11

ESC 메뉴 화면 하단의
레코딩 탭을 다시 선택한
다.

[그림 4-114] 파일 불러오기

12

방금 저장 후 확인해 본
파일을 불러온다.

[그림 4-115] 녹화본 수정

13

아바타의 목소리를 교체
하기 위해 녹화본 수정을
선택한다.

[그림 4-116] 메인 목소리 교체

14

메인 목소리 교체를 선택한다.

[그림 4-117] Select Audio File

15

Select Audio File을 선택해 오디오를 변경할 수 있다.

[그림 4-118] 기내방송문 불러오기

16

미리 다운로드한 기내방송 MP3 파일을 선택하고 불러오기를 누른다.

[그림 4-119] Replace Audio

17

Replace Audio(오디오 대체하기) 기능을 선택한다.

[그림 4-120] 오디오 대체됨

18

오디오가 대체되었다는 알림창이 나오면 계속하기를 누른다.

[그림 4-121] 변경 사항 저장

19

변경 사항을 저장한다.

[그림 4-122] 저장

20

필요시 녹화 제목을 변경
하여 저장할 수 있다.

[그림 4-123] 겹쳐 쓰기

21

저장했던 파일에 변경 사
항까지 포함될 수 있도록
'겹쳐 쓰기'를 선택한다.

[그림 4-124] 녹화본 확인

22

변경된 오디오가 반영된
녹화본을 확인한다.

[그림 4-125] IFX 선택

23

승객들을 배치하기 위해 ESC 메뉴 - IFX - 인간 태그를 선택한다.

[그림 4-126] 두 번째 승객 배치

24

인간 IFX를 배치하고 기내 장면을 완성할 IFX를 추가한다.

* 만약 자세와 표정을 지닌 인간 IFX를 추가하고 싶다면 스냅샷 기능을 복습해 생성 및 편집에서 설정 후 시퀀스를 저장하여 다시 세션으로 돌아와 파일을 불러와도 장면을 완성할 수 있다.

TIP

시퀀스 2

① 새로운 시퀀스 시작하기

[그림 4-127] 시퀀스 설정

메뉴 아이콘을 눌러 다양한 시퀀스 항목을 선택한다. 이 아이콘을 통해 현재 시퀀스 확인, 새로운 시퀀스 불러오기, 저장된 나의 시퀀스 등을 확인할 수 있다.

[그림 4-128] 타임라인

메뉴 버튼 옆에 있는 **타임라인** 버튼을 클릭하여 타임라인으로 돌아갈 수 있다.

② 시퀀스를 저장하는 방법

저장 아이콘을 클릭하여 저장 설정을 열 수 있다.

[그림 4-129] 파일 저장

[그림 4-130] 저장 세부 사항

텍스트 상자를 클릭하여 편집할 수 있다. 변경하지 않으려면 저장을 클릭한다.

③ 설정 가이드 저장

저장 설정에서 정보를 편집하려면 오른쪽에 있는 편집 버튼을 클릭한다.

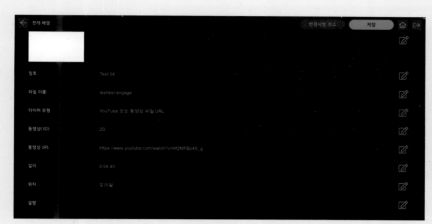

[그림 4-131] 파일 편집

- 칭호 – 메뉴에 시퀀스가 표시되는 방식과 표시 제목이다.
- 파일 이름 – 파일의 이름을 설정하고 수정할 수 있다.
- 타이머 유형 – 타이머에는 표준 타이머와 YouTube 또는 직접적인 동영상 URL의 두 가지 유형이 있다.
- 표준 타이머 – 시퀀스의 길이를 원하는 대로 설정할 수 있다.
- YouTube 또는 직접적인 비디오 URL – 시퀀스가 선택한 동영상에 대한 길이를 연결한다.
- 길이 – 시퀀스의 길이이다. 변경하려면 편집 버튼이나 텍스트 상자를 클릭하고 원하는 값을 입력한다.
- 위치 – 현재 시퀀스를 기반으로 하는 위치를 볼 수 있다. 위치를 변경하려면 상자를 클릭하여 위치 메뉴를 불러온다.
- 설명 – 시퀀스에 대한 정보를 입력할 수 있다.

[그림 4-132] 레코딩

25

설정 탭에서 레코딩 - 기기를 클릭하고, 녹화본을 불러온다.

[그림 4-133] 재생

26

불러오기 선택 후 재생을 누른다.

[그림 4-134] 기내 완성 장면

27

기내 방송이 재생되는 레코딩, 스냅샷과 IFX를 추가로 배치하여 실제 기내 모습과 유사한 장면을 구현할 수 있다.

* 기내 방송뿐만 아니라 회의, 발표, 연설 등의 장소에서도 응용할 수 있다.

04 회의실 구성하기

1) 세션과 웹 & 미디어 페이지 활용

　이번 챕터에서는 비대면 플랫폼이 가장 많이 응용될 수 있는 장소인 회의장을 구성하고자 한다. 회의실이라면 실제 다른 사람들이 참여할 수 있도록 세션에서 진행되는 것이 적합하다. 그렇다면 세션이란 무엇이며 어떻게 사용할 수 있을까? 그 시작을 잘 밟고, 이후 챕터에서는 그를 응용해 볼 것이다. 또한, 회의장에서 필요한 자료와 영상 재생을 그동안의 방법과는 다르게 학습하고자 한다. 본인이 원하는 테마의 회의 주제를 선정하여 세션을 구성하고 다른 분들을 초대할 수 있는 기능도 확인할 수 있다.

주요 기능 SUMMARY
세션 + 웹&미디어 페이지 활용

TIP. 영구 세션 / 세션 메뉴

1. 세션 (시작, 참여, 생성)

　▸ 세션이란?

　▸ 세션 시작하기

> ▸ 세션 참여하기
> ▸ 세션 생성하기

2. 웹 & 미디어 페이지 활용

> ▸ 세션 시작
> ▸ 다른 사람과 함께 선택
> ▸ 세션 이름 및 정보 설정
> ▸ ESC 키 – 하단 웹 & 미디어 페이지 선택
> ▸ 영상 검색 후 공유하기
> ▸ 링크 복사 및 데스크톱 화면 공유하기

2) | 세션

(1) 세션이란?

세션은 여러 사용자가 동시에 공유할 수 있는 가상현실 경험의 단독 인스턴스를 이르는 말이다. 다른 사람들을 보고 들을 수 있는 등의 상호 작용이 가능하다면 그들은 당신과 같은 세션에 있는 것이다. 세션과 위치를 혼동하지 않도록 해야 한다. 위치는 회의실이나 정원과 같이 사용자를 둘러싼 가상 환경이다.

(2) 세션 시작하기

[그림 4-135] 비공개 세션 – 공개 세션 선택

비공개 세션을 원하는 경우 본인만을 선택하고 공유하는 세션의 경우 다른 사람과를 선택한다.

(3) 세션 참여하기

다른 사람이 만든 세션에 참여하는 두 가지 방법이 있다. 누군가가 자신의 세션을 공개 또는 엔터프라이즈 그룹 목록에 포함하기로 선택한 경우 해당 목록에서 참여를 선택할 수 있다.

다른 사람이 만든 세션에 참여하면 세션을 만든 호스트는 자신의 세션에서 당신이 가지는 권한을 제어할 수 있다. 3D 펜으로 그림을 그리거나 IFX를 추가하는 것과 같은 일부 기능을 사용할 수 없는 경우 해당 권한이 비활성화되어 있을 수 있다.

① 나열된 세션에 참여하기

1. ENGAGE 앱의 메뉴 화면에서 **세션 참가**를 선택한다.

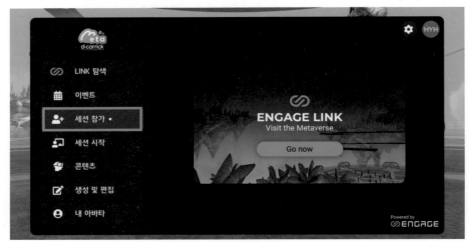

[그림 4-136] 세션 참가

2. **세션 참가** 페이지에서 **라이브**를 선택한다.

[그림 4-137] 라이브 선택

3. 기본 목록은 **공개** 목록이다. 엔터프라이즈 그룹의 일부일 때 목록 위에 그룹 이름이 표시된다. 그룹으로 제한된 세션을 보려면 그룹 이름을 선택한다.

4. 세션에 참여하려면 세션을 선택한다.

5. 세션 세부 정보 페이지에서 **참가**를 선택한다.

6. 세션에 암호가 필요한 경우 암호를 입력한 다음 **참여**를 선택한다.

엔터프라이즈 그룹은 구성원의 공개 목록에 대한 액세스를 제거하도록 선택할 수 있다. 그렇게 하면 세션 참여하기 페이지에 처음에 그룹의 영구 세션 목록이 표시된다.

(4) 세션 생성하기

① 비공개 세션 만들기

다른 사람이 참여할 수 없는 나만의 비공개 세션을 빠르게 만들 수 있다. 그러나 비공개 세션을 만든 후에는 마음을 바꿔 다른 사람을 초대할 수 없다.

비공개 세션을 생성하려면 다음 단계를 완료한다.

1. ENGAGE 앱의 메뉴 화면에서 **세션 시작**을 선택한다.

2. 위치를 선택한다.

3. 본인만을 선택한다.

② 공개 세션 만들기

공개 세션을 생성하면 ENGAGE를 사용하는 모든 사람의 세션 참여 페이지에 나타나며 누구나 참여를 시도할 수 있다.

PLUS, EDUCATION 또는 ENTERPRISE 구독이 있는 경우 암호를 사용하여 액세스를 제한할 수 있다. 이런 식으로 모든 사람이 세션을 볼 수 있지만, 암호를 제공한 사람만 참여할 수 있다. 공개 세션을 생성하려면 다음 단계를 완료한다.

1. ENGAGE 앱의 메뉴 화면에서 **세션 시작**을 선택한다.

2. 위치를 선택한다.

3. **다른 사람과 함께**를 선택한다.

4. **세션 이름**을 입력한다. 이 이름은 **세션 참여** 페이지에 나타난다.

5. **선택 사항**: 암호를 입력한다.

6. **공개 목록** 확인란이 선택되어 있는지 확인한 다음 **시작**을 선택한다.

[그림 4-138] 공개 세션 : 다른 사람과 함께

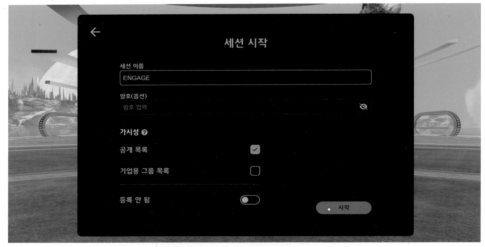

[그림 4-139] 세션 생성하기

세션을 생성하면 해당 세션의 호스트가 된다. 호스트는 구독 유형 및 선택한 장치에서 활성화된 모든 권한을 가진다. 예를 들어 미디어를 공유할 수 있다. 기본적으로 세션에 참여하는 다른 모든 사용자에게는 더 제한된 권한이 부여된다. 호스트로 참여하지 않으면, 예를 들어 IFX를 추가하거나 미디어를 공유할 수 없다. 그러나 다른 사람에게 추가 권한을 부여하도록 선택할 수 있다.

(5) 세션 ID 찾기

① 세션 내에서

세션 ID는 특정 세션, 이벤트 인스턴스에 참여하는 데 사용할 수 있는 고유 코드이다. 세션 ID는 5자 길이이며 대문자, 소문자 및 숫자를 포함한다.

세션 ID 또는 다른 방법을 사용하여 최대 사용자 수에 도달한 세션, 이벤트 또는 확장 가능한 이벤트 인스턴스에 참여할 수 없다.

세션 ID를 사용하여 세션에 참여하려면 다음 단계를 완료한다.

1. ENGAGE 앱의 메인 메뉴에서 **세션 참여**를 선택한다.
2. **세션 참여** 페이지에서 ID로 세션 참여를 선택한다.
3. **ID로 세션 참여** 페이지에서 세션 ID를 입력한 다음 **참여**를 선택한다.
4. 세션에 암호가 필요한 경우 암호를 입력한 다음 **참여**를 선택한다.

② 세션 또는 이벤트 목록에서

이벤트 목록을 사용하여 세션 ID를 얻는 경우 세션 ID는 이벤트에 기본 진입하기 위한 수단으로 사용된다. 이벤트의 특정 인스턴스에 참여하려는 경우 해당 인스턴스의 누군가가 세션 ID를 제공해야 한다.

1. ENGAGE 앱의 메뉴 화면에서 **세션 참여하기**를 선택한다.
2. **세션 참여 페이지**에서 다음 옵션 중 하나를 선택한다.

   ▶ 현재 활성 표준 세션의 경우 **라이브**를 선택한 다음 **공개**를 선택한다.

   ▶ 이벤트의 경우 **이벤트**를 선택한 다음 **라이브** 또는 엔터프라이즈 그룹의 이름을 선택한다.

   ▶ 영구 세션의 경우 **라이브**를 선택한 다음 **엔터프라이즈** 그룹의 이름을 선택한다.

3. 세션 또는 이벤트를 찾는다.

4. 세션 또는 이벤트에 대해 자세히 아이콘을 선택한 다음 **ID 복사**를 선택한다.

[그림 4-140] 세션 목록의 추가 아이콘

세션 ID가 클립보드에 복사되며, 세션 ID를 ENGAGE 앱의 **세션 ID로 참여하기** 페이지, 이메일 또는 기록하거나 공유하려는 모든 곳에 붙여 넣을 수 있다.

TIP

영구 세션

★ 영구적인 세션 생성

표준 세션에서 모든 호스트가 세션을 떠나면 위치 인스턴스와 모든 변경 사항이 삭제된다. 영구 세션에서는 방문 사이에 변경 사항이 저장된다. 사람들이 주기적으로 방문하는 협업 공간으로 영구 세션을 사용하거나 중요한 회의를 준비하기 위해 장기간에 걸쳐 가상공간을 구성할 수 있다.

영구 세션 방문 간에 IFX를 유지하려면 IFX를 공유 상태로 설정해야 한다. 단일 사용자와 연결된 IFX는 해당 사용자가 세션을 떠날 때 제거된다.

영구 세션은 ENTERPRISE 또는 EDUCATION 구독의 일부로만 사용할 수 있으며, 특정 사용자만 세션을 생성하는 데 필요한 권한을 가질 수 있다.

① 영구 세션 생성

1. '인게이지 앱'(https://app.engagevr.io/login)으로 이동하여 로그인한다.
2. 메뉴에서 세션을 선택한다. 메뉴에 옵션이 표시되지 않으면 필요한 권한이 없는 것이다.
3. 생성하기를 선택한다.
4. 영구 세션 생성하기 페이지에서 세션 이름을 입력하고 가시성 및 액세스 설정 목록에서 엔터프라이즈 그룹을 선택한 다음 선택적으로 암호를 입력한다.
5. 저장을 선택한다.

영구 세션을 생성한 후 몇 가지 추가 설정을 구성할 수 있다.

② 영구 세션에 대한 호스트 구성

누군가를 영구 세션의 호스트로 지정하면 영구 세션에 참여할 때마다 호스트가 된다. 누군가의 호스트 권한을 취소하면 다음 번 영구 세션에 참여할 때 호스트가 아니다.

Enterprise 그룹의 소유자 또는 관리자 역할이 있는 경우 기본적으로 그룹의 각 영구 세션에 대한 호스트 권한이 부여된다.

영구 세션에 대한 호스트 권한을 부여 및 취소하는 방법에 대한 정보는 아래 섹션을 참조한다.

③ 영구 세션에서

귀하와 호스트 상태를 변경하려는 사람이 동시에 영구 세션에 있는 경우 호스트 컨트롤을 사용하여 호스트 상태를 변경할 수 있다.

이 방법을 사용하여 엔터프라이즈 그룹의 소유자 또는 관리자에게 기본적으로 부여된 호스트 권한을 취소할 수 있다.

회의장을 만들어 미디어 웹 & 미디어 페이지 영상을 공유해 보도록 한다.

[그림 4-141] 세션 시작

01

인게이지 플랫폼에 접속하여 세션 시작을 선택한다.

[그림 4-142] '회의실' 선택

02

공개 맵 중에서 '회의실'을 선택하고, '다른 사람과'를 선택하여 공개 세션으로 시작한다.

[그림 4-143] 세션 이름 변경

03

세션의 이름 및 세부 정보를 작성한 후 시작을 선택한다.

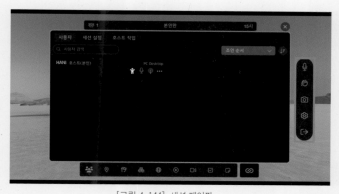

[그림 4-144] 세션 제어판

TIP
세션 메뉴

● 마이크: ENGAGE 내 사용자 목소리를 녹음할 수 있는 기능

● 손바닥: 손을 흔들거나 손뼉을 치는 아이콘을 통한 리액션 기능

● 카메라: ENGAGE 내 화면 캡처 기능

● 설정: 메인 메뉴 화면의 기능과 동일. 기본적인 사용자 설정 기능

● 나가기: 세션 떠나기를 통해 메인 화면으로 돌아갈 수 있는 기능

04

ESC 키 - 메뉴 화면을 열고 하단의 웹 탭을 선택한다.

[그림 4-145] 설정 탭 - 웹

[그림 4-146] 검색

05

웹 검색창에 'Youtube'
를 검색한다.

[그림 4-147] dcarrick 검색

06

Youtube 검색창에 사용
자가 원하는 검색어를 입
력한다.

[그림 4-148] 공유 시작

07

재생하고 싶은 동영상을
선택하여 전체 화면으로
설정하고, 오른쪽 상단의
'공유 시작' 버튼을 클릭
한다.

[그림 4-149] 웹 브라우저 공유

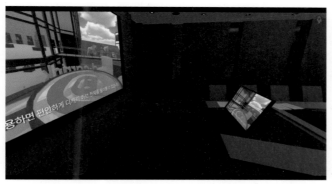

[그림 4-150] 공유된 화면

[그림 4-151] 미디어 탭

08

'웹 브라우저가 공유되지 않았습니다' 창이 뜨더라도 '계속하기'를 선택한다.

09

선택한 동영상이 정상적으로 재생되고 있는지 확인한다.

10

ESC 키를 눌러 메뉴 화면 하단의 미디어 탭을 선택한다.

[그림 4-152] 온라인 영상 &유튜브

11

'온라인 영상 & 유튜브' 탭을 선택한다.

[그림 4-153] 동영상 URL 추가

12

동영상 URL 추가 또는 유튜브 영상을 검색할 수 있다.

[그림 4-154] URL 붙여넣기

13

재생하기를 원하는 영상의 URL을 입력한다.

[그림 4-155] 2D 영상

14

2D 영상으로 재생한다.

[그림 4-156] 영상 재생 확인

15

영상이 탭 내에서 재생되는지 확인한다.

[그림 4-157] 영상 재생

16

ESC 키를 눌러 메뉴 화면을 끄고 영상이 회의실 화면에서도 재생되고 있는지 확인한다.

[그림 4-158] 나의 미디어

17

나의 미디어 기능을 사용해 보기 위해 다시 한번 ESC 메뉴 하단의 미디어 탭을 선택한다.

[그림 4-159] 새로운 링크

18

나의 미디어 선택 후 새로운 링크 탭을 클릭한다.

[그림 4-160] 영상 링크 추가

19

재생하고자 하는 영상의 링크를 입력하고 영상의 제목과 설명을 작성한다. 2D와 3D 영상 기능을 선택하여 저장을 누른다.

[그림 4-161] 링크 확인

20

저장한 링크는 '나의 미디어' 탭 내의 항목으로 보인다.

[그림 4-162] 영상 재생

21

나의 미디어 기능을 통해 영상이 원활하게 재생되는지 확인한다.

[그림 4-163] 영상 확인

22

세션 내의 다른 플레이어에서도 영상이 재생되고 있는지 확인해 본다.

[그림 4-164] 회의실 완성 장면

23

세션에 다른 사람들을 초
대하거나 회의를 소집하
여 발표 혹은 회의를 진
행한다.

5

고급 단계

복합적 기능 활용 및 콘텐츠 제작

ENGAGE

01 그리운 교실 재현하기

1) | 소리 IFX와 필기 기능

교실이라고 하면 떠오르는 이미지를 생각해 보자. 열심히 수업을 듣는 학생, 옆 사람과 대화하는 학생도 있을 것이고 등등 적막하기보다는 웅성거리거나 복작한 분위기라고 생각된다. 이번 챕터에서 구현할 교실에서는 학생, 교사, 포스터 등의 IFX를 배치하고, 시끌시끌한 웃음소리도 배치하려고 한다. ENGAGE에는 칠판과 포스트잇을 활용해 필기도 가능한데, 아래 기능까지 학습할 예정이다.

> ### 주요 기능 SUMMARY
> ### 소리 IFX + 필기 기능
>
> **1. 소리 IFX**
>
> ▶ IFX 배치 복습하기
>
> ▶ IFX 태그 – 사운드와 오디오 클립
>
> ▶ 다양한 사운드 재생
>
> ▶ 볼륨 조절

▸ 그 외 다양한 사운드 응용하기

2. 필기 기능

▸ 특정 맵에서 필기 기능 사용 가능

▸ 교실, 강의실 등

▸ 칠판 하단의 필기 아이콘 선택

▸ 마우스 클릭 유지한 채 돌아보기

▸ 브러시 컬러 변경, 지우개 등 기능 사용

▸ 주제, 중요 정보 등 필기 후 세션에서 사용 가능

[그림 5-1] '강의실' 선택

01

교실의 형태와 가장 유사한 '강의실' 맵을 선택한다.

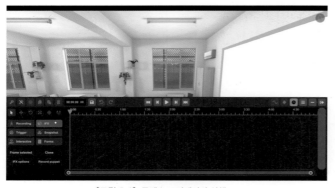

[그림 5-2] 콘텐츠 크리에이터 실행

02

콘텐츠 크리에이터에서 IFX를 선택한다.

* 생성 및 편집 실행 시 ESC를 누르면 나오는 편집기 창을 콘텐츠 크리에이터라고 한다.

[그림 5-3] 인간 IFX 선택

03

'캐주얼 차림 여자 2' IFX
를 선택한다.

[그림 5-4] IFX 설정

04

콘텐츠 크리에이터에서
IFX의 설정을 선택한다.

[그림 5-5] 간단한 장치

05

간단한 장치를 이용하여
학생들의 위치를 세밀하
게 조정한다.

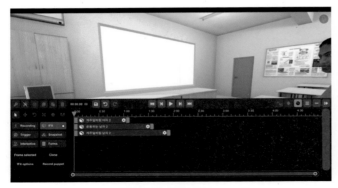

[그림 5-6] 선생님 배치

06

교탁 앞에 선생님을 배치 하기 위해 인간 IFX를 추 가로 배치한다.

[그림 5-7] NPC 애니메이터 - TALKING

07

선생님에게 NPC 애니메 이터를 통해 'TALKING' 동작을 설정한다

[그림 5-8] NPC 애니메이터

08

인간 IFX를 추가하여 학 생들을 배치하고 각각 다 른 동작을 설정한다.

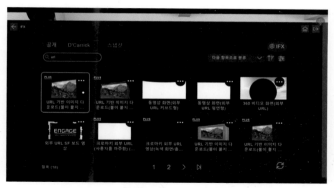

[그림 5-9] IFX 선택

09

콘텐츠 크리에이터 - IFX
– URL을 검색하여 'URL
기반 이미지 다운로드'
IFX를 선택한다.

[그림 5-10] 세밀한 위치 조정

10

간단한 장치를 사용하여
벽 가까이 위치하도록 세
밀하게 조정한다.

[그림 5-11] 이미지 URL 첨부

11

인터넷에서 원하는 이미
지를 검색하여 '이미지
주소 복사'를 선택한다.

복사한 이미지 URL을
'이미지 URL' 칸에 입력
한다.

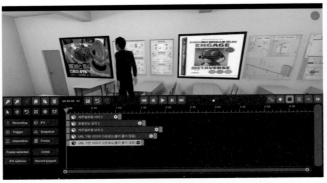

[그림 5-12] 포스터 붙이기

12

같은 방법으로 다양한 포스터를 벽에 배치해 본다.

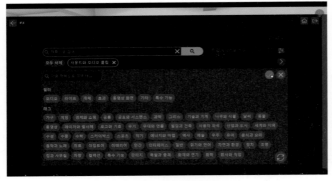

[그림 5-13] 사운드와 오디오 클립

13

콘텐츠 크리에이터 - IFX - 검색창에 '소리'를 검색한다. 혹은 태그 기능을 활용하여 '사운드와 오디오 클립' 태그를 선택한다.

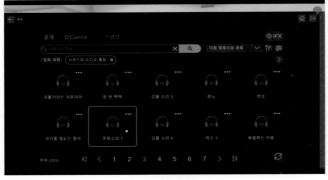

[그림 5-14] 웃음소리 1

14

3페이지의 '웃음소리 1'을 선택한다.

[그림 5-15] 효과 옵션-공간 오디오

15

IFX 소리 효과 옵션에서 시작 시간과 종료 시간을 입력하고 공간 오디오 (2D/3D)를 설정한다.

[그림 5-16] 소리 IFX 배치

16

소리가 잘 들리기를 원하는 위치에 IFX를 배치한다.

* 3D 공간 오디오를 선택한 경우 배치한 IFX 위치에 따라 볼륨이 조절된다.

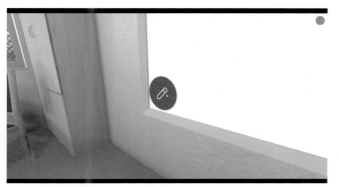

[그림 5-17] 필기 버튼

17

교실 앞쪽 칠판에 가까이 다가서면 왼쪽 하단 모서리에 필기 버튼이 보인다.

[그림 5-18] 필기 연습

18

오른쪽 마우스를 클릭을 유지한 채 둘러볼 수 있다.

화이트보드에 글씨를 적어 본다.

[그림 5-19] 지우개

19

두 번째 지우개 탭을 통해 필기 내용을 지울 수 있으며 '모두 삭제'를 통해 전체 삭제도 가능하다.

* 지우개 사이즈 조절 가능

[그림 5-20] 사진 저장

20

세 번째 탭의 '사진 저장' 기능을 통해 필기 내용을 캡처하여 저장할 수도 있다.

[그림 5-21] 교실 완성 장면

21

교실 장면을 완성하기 위해 필요한 IFX를 추가적으로 배치한다. 파일 저장 후 세션에서 수업을 진행할 수도 있다.

ENGAGE

02 강의실 만들기

1) | 데스크톱 공유 및 세션 기능

 이번 챕터에서는 세션에서 강의실을 만들어 세션의 디테일한 기능까지 연습하고, 활용하도록 한다. 강의실이라고 한다면 막연하게 강의실의 모습만 떠오를 수도 있지만, 세션 내의 강의실 맵을 통해 데스크톱도 공유하고, 세션의 세부적인 기능을 통해 발표를 하거나, 교수자가 되어 정보 전달이나 수업 및 교육을 하거나 등의 용도로도 활용이 가능하다.

주요 기능 SUMMARY
데스크톱 공유 + 세션 기능

TIP. 착석 기능 / 양식 제작

1. 데스크톱 공유

- ▸ 세션 시작
- ▸ 웹 탭 기능 복습
- ▸ 재생할 PPT 혹은 자료 데스크톱 내 재생
- ▸ 데스크톱 공유하기

---

2. 세션 기능

▶ 노트 만들기

▶ 새로운 내용 입력 후 저장하기

▶ 포스트잇 생성

▶ 포스트잇 배치하기

▶ 메모 잠금 및 삭제 기능

[그림 5-22] '강의실' 선택

01

인게이지 플랫폼에 접속
하여 세션 시작 선택 후
'강의실' 맵을 선택한다.

[그림 5-23] 웹 탭

02

ESC 메뉴 화면 하단의
웹 탭을 선택한다.

[그림 5-24] 웹 링크 클릭

03

왼쪽 상단의 웹 링크를
클릭한다.

[그림 5-25] 새로운 링크 선택

04

웹 링크 탭 내의 '새로운
링크'를 선택한다.

[그림 5-26] 웹 링크 내용 작성

05

사용자가 원하는 웹 링크
를 입력하고 제목과 설명
을 추가한다.

[그림 5-27] 공유 시작

06

저장 후 탭 내에서 동영
상이 재생된다면, 전체
화면을 누르고 공유 시작
을 선택한다.

[그림 5-28] 공유 화면 확인

07

강의실에 재생한 영상이
정상적으로 공유되고 있
는지 확인한다.

[그림 5-29] 데스크톱 공유

08

ESC 메뉴 화면의 하단
미디어 탭에서 '데스크톱
공유'를 선택한다.

[그림 5-30] 데스크톱 보기

09

데스크톱 보기를 선택하면 사용자가 데스크톱 내의 사용하고 있는 모든 페이지가 보이게 된다.

[그림 5-31] 공유할 화면 선택

10

페이지 중 공유하고자 하는 화면 또는 애플리케이션을 선택하고 '공유' 버튼을 누른다.

[그림 5-32] 공유 자료 확인

11

자료가 공유되고 있는지 확인해 본다.

만약 다른 화면을 공유하고 싶다면 왼쪽 상단의 '공유 중단'을 클릭하고 다시 선택한다.

[그림 5-33] 공유된 화면

12

강의실 내 화면에 공유하고자 한 화면이나 애플리케이션이 재생되고 있는지 확인한다.

[그림 5-34] 자리 착석 표시

TIP
착석 기능

01

오른쪽 마우스를 누른 채 빈자리로 드래그하면 착석 가능한 좌석이 표시된다.

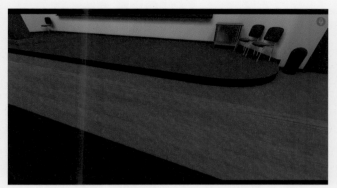
[그림 5-35] 자리 착석

02

드래그한 마우스를 떼면 자리로 순간 이동하여 착석할 수 있다.

[그림 5-36] 노트 탭

13

ESC 메뉴 화면 하단 탭에
서 '노트' 탭을 선택한다.

[그림 5-37] 노트 만들기

14

왼쪽 상단의 '+만들기'
버튼을 선택한다.

[그림 5-38] 새로운 노트

15

새로운 노트를 작성한다.

[그림 5-39] 제목과 콘텐츠 입력

16

노트의 제목과 콘텐츠 내용을 작성하고 '입력'을 누른다.

* 노트 완성 후 '콘텐츠'에 입력한 내용만 확인 가능하다. '제목'의 경우는 보이지 않는다.

[그림 5-40] 노트 저장

17

내용 작성 후 노트 저장을 선택한다.

[그림 5-41] 포스트잇

18

노트를 저장했다면 '포스트잇'을 선택한다.

5장 고급 단계
복합적 기능 활용 및 콘텐츠 제작

[그림 5-42] 포스트잇 색

19

다양한 포스트잇의 색상
이 존재하므로 원하는 컬
러의 포스트잇을 선택 후
내용을 작성한다.

[그림 5-43] 포스트잇 생성

20

'포스트잇 생성' 버튼을
누른다.

[그림 5-44] 스티커 메모 배치

21

생성한 포스트잇 메모를 강
의실 앞 칠판에 배치한다.

[그림 5-45] 스티커 메모 기능

22

메모를 통해 '콘텐츠'에 작성한 내용을 볼 수 있다. '제목'에 입력한 내용은 보이지 않는다.

[그림 5-46] 메모 잠금

23

메모 잠금장치를 통해 메모가 움직이지 않도록 고정할 수 있다.

[그림 5-47] 메모 삭제

24

오른쪽 상단의 휴지통 아이콘을 선택하면 메모를 삭제할 수도 있다.

5장 고급 단계
복합적 기능 활용 및 콘텐츠 제작

TIP 양식 기능

[그림 5-48] 양식 탭

01

ESC 메뉴 화면 – 하단의 '양식' 탭에서 '새로 추가' 버튼을 누른다.

[그림 5-49] 양식 생성

02

양식 생성창에 양식의 이름을 설정한 후 저장한다.

[그림 5-50] 양식

03

양식 폼 형식에 따라 내용을 작성한다.

* 최대 시간 = 시험 시간의 최대 시간

* 통과 점수 = 100% 중 통과로 처리되는 점수의 퍼센트

* 최대 양식 제출 = 최대로 제출할 수 있는 양식의 수

* 최대 답변 제출= 최대로 제출할 수 있는 답변의 수

04

질문 추가를 하기 위해서는 '질문' 탭의 '질문 추가' 버튼을 누른다.

[그림 5-51] 질문 탭 – 질문 추가

5장. 고급 단계
복합적 기능 활용 및 콘텐츠 제작

[그림 5-52] 질문 생성

[그림 5-53] 답변 유형

[그림 5-54] 질문 저장

05

양식의 카테고리를 선정하여 질문을 생성한다.

* 질문 제목

* 점수 = 질문의 배점을 입력한다.

* 다음 질문 = 질문에 형식에 맞는 질문을 입력한다.

06

답변 유형을 선택한다.

설문지, 단답식의 문장 형태, 복수 선택으로 답변할 수 있다.

07

질문 내용을 작성하였다면 '질문 저장'을 선택한다.

[그림 5-55] 토글 활성화

08

질문 토글을 통해 질문을
비활성화할 수 있다.

* 토글: on/off처럼 두 상태 중
하나를 선택하는 데 쓰는 키

[그림 5-56] 제출 탭

09

제출 탭을 통해 제출한
사람들을 알 수 있다.

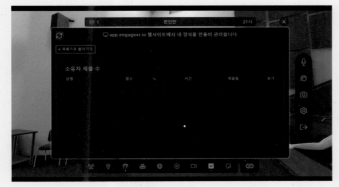

[그림 5-57] 제출 정보

10

페이지 하단을 확인하여
제출자의 제출 정보(성
명, 점수, 제출 시간 등)
를 확인해 볼 수 있다.

5장 고급 단계
복합적 기능 활용 및 콘텐츠 제작

[그림 5-58] 통계 탭

11

통계 탭을 통해 답변을
제출한 사람들의 정답 통
계를 확인할 수 있다.

[그림 5-59] 목록으로 돌아가기

12

왼쪽 상단의 '목록으로 돌
아가기'를 누르면 양식 목
록 내 질문이 생성된다.

[그림 5-60] 강의실 완성 장면

25

학생들을 추가하거나 다
른 사람을 초대하여 수업
이 이루어지는 강의실의
모습을 완성한다.

교수 혹은 발표자가 되어
직접 강의를 진행할 수도
있다.

ENGAGE

03 나만의 수족관 만들기

1) | NPC 애니메이터와 녹화 기능

이번 챕터에서는 얕은 바닷속에 나만의 수족관을 만들 것이다. 사실 바다 혹은 아쿠아리움과 같은 수족관을 자주 방문하는 것이 쉽지만은 않은 일이다. 하지만 인게이지 내에서는 다양한 종류의 물고기들과 생물체를 마음껏 배치하여 꾸밀 수 있다. 물고기들에게 다양한 애니메이션도 적용해 보고, 녹화 기능을 사용하여 멋진 장면을 구현해 보도록 할 것이다. 또한, 나만의 수족관을 세션화시켜 다른 분들을 초대하는 기능도 학습한다. 이런 애니메이션의 적용은 비단 바다 생물뿐이 아니라, 각종 동식물, 기계에도 적용이 가능하기 때문에 공간 구성의 고도화에 제격인 기능이다.

주요 기능 SUMMARY
NPC 애니메이터 + 녹화 기능

TIP. 애니메이션 SET KEY / 녹화 고급 재생 기능

1. NPC 애니메이터

▸ 생성 및 편집 선택

- ▶ 수중 태그
- ▶ 물고기 IFX 배치
- ▶ 물고기 떼, 속도, 크기 조정
- ▶ NPC 애니메이터 선택

2. 녹화 기능

- ▶ 생성 및 편집 파일 저장
- ▶ IFX 및 파일 길이 통일 – 23:59:59
- ▶ 세션 이동 및 파일 불러오기
- ▶ 레코딩 기능 사용
- ▶ 재생 시 고급 재생 기능 선택
- ▶ 아바타 표시명 숨기기 선택

[그림 5-61] 맵 선택

01

인게이지 플랫폼에 접속하여 생성 및 편집 선택 후 '얕은 바다' 맵을 선택한다.

[그림 5-62] IFX 태그

02

콘텐츠 크리에이터 – IFX 태그 검색에서 '수중'을 선택한다.

[그림 5-63] IFX 선택

03

'수중' 태그 내의 물고기 IFX 중 '포아이 버터플라이 피쉬'를 선택한다.

[그림 5-64] IFX 배치

04

'포아이 버터플라이 피쉬' IFX를 배치한다.

[그림 5-65] 물고기 떼

05

IFX 설정에서 물고기의 수를 설정할 수 있다.

'물고기 떼 만들기'를 선택한다.

[그림 5-66] 물고기 정보

06

물고기의 수, 속도 등의 자세한 정보를 설정한다.

* 물고기 떼 – 물고기 수

* 속도 – 물고기의 헤엄 속도

* 최소 및 최대 사이즈
– 물고기 수 설정 후 가장 작은 물고기의 크기(사이즈 1)부터 가장 큰 물고기의 크기를 숫자로 설정할 수 있다.

[그림 5-67] 정보 저장

07

물고기 떼 정보를 저장 후 '효과 저장'을 선택한다.

[그림 5-68] 추가 물고기 배치

08

물고기를 추가적으로 배치하기 위해 '틸로사우루스' IFX를 선택한다.

[그림 5-69] 애니메이션 오버라이드

09

물고기에게 움직임을 부여할 수 있도록 IFX 설정에서 애니메이션 오버라이드를 선택한다.

[그림 5-70] 오버라이드 추가

10

애니메이션 오버라이드를 추가하기 위해 '추가' 버튼을 누른다.

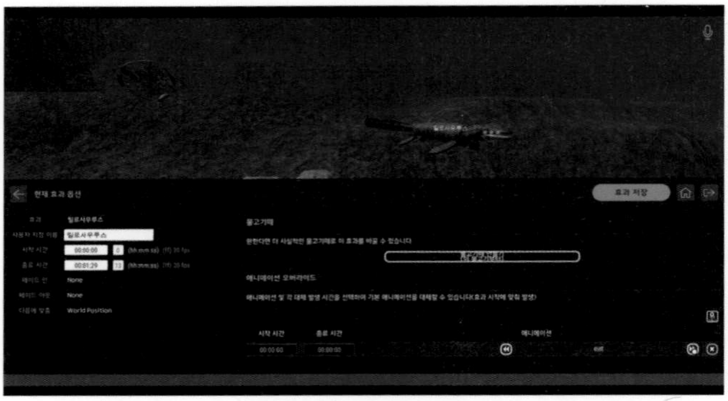

[그림 5-71] 오버라이드 선택

11

애니메이션 오버라이드에서 원하는 애니메이션을 선택한다.

* SWIM, FAST SWIM 등

[그림 5-72] 시간 변경

12

애니메이션의 시작 시간과 종료 시간을 변경하고, IFX의 시작 시간과 종료 시간도 설정한다.

설정 후 효과를 저장한다.

TIP

애니메이션 SET KEY

SET KEY를 이용하여 IFX에게 움직임을 줄 수 있다.

키 추가 및 제거

이 버튼을 사용하면 선택한 개체에 애니메이션 키를 추가하거나 제거할 수 있다.

키 복사

이 버튼을 사용하면 선택한 개체에서 애니메이션 키를 복사할 수 있다.

삭제 키

이 버튼은 선택한 개체를 삭제한다.

[그림 5-73] SET KEY 설정

13

IFX가 움직이기를 시작하기 원하는 위치로 재생헤드의 포인터를 이동시킨 다음 왼쪽 상단에 열쇠 모양의 'SET KEY'를 누른다.

[그림 5-74] SET KEY 설정

14

애니메이션을 종료하고 싶은 지점으로 포인터를 이동시킨다.

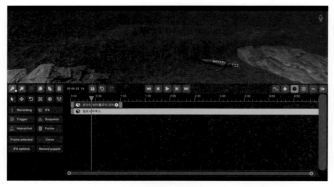

[그림 5-75] IFX 이동

15

'운동'을 통해 IFX를 원하는 방향과 위치로 이동시킨 다음, 왼쪽 상단의 열쇠 모양 SET KEY를 다시 한번 누른다.

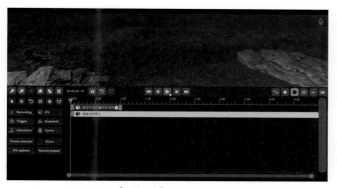

[그림 5-76] 재생 확인

16

SET KEY 적용 후 재생
버튼을 통해 IFX가 이동
하는지 확인한다.

[그림 5-77] SET KEY 및 애니메이션 확인

17

IFX에 적용한 애니메이
션 움직임이 수행되며
SET KEY 방향으로 이동
하는지 확인한다.

IFX 시간과 파일 길이를
23:59:59로 설정하고 파
일을 저장한다.

[그림 5-78] 세션 시작

18

생성 및 편집에서 완성한
장면을 불러오기 위해 세
션 시작을 선택한다.

[그림 5-79] 맵 선택

19

공개 맵에서 사용자가 원하는 위치를 선택한다.

[그림 5-80] 콘텐츠

20

ESC 메뉴 화면 - 하단의 콘텐츠 탭 - 상단의 기기 스토리지 탭을 선택한다.

[그림 5-81] 불러오기

21

생성 및 편집에서 저장한 파일을 불러온다.

[그림 5-82] 위치 불러오기

22

'위치 불러오기'를 통해 얕은 바다 맵으로 이동한다.

[그림 5-83] 레코딩

23

ESC 메뉴 화면 – 하단의 레코딩 탭 – 오른쪽 상단의 기록 버튼을 선택한다.

[그림 5-84] 녹화본 생성

24

녹화를 진행하기 위해 '모두'를 선택하고 '기록'을 누른다.

* 만약 세션에 참여한 사람이 있는 상태에서 '모두'를 선택한다면 참여자들 모습까지 녹화되는 것이다. 반면, '나만'을 선택하는 경우 본인 아바타의 모습만 녹화할 수 있다.

[그림 5-85] 기록 시작하기

25

기록을 시작한다.

[그림 5-86] 레코딩 종료

26

레코딩을 종료하고 싶을 때 중지 버튼을 누르고 녹화본 파일을 저장한다.

[그림 5-87] 녹화본 불러오기

27

녹화 불러오기 설정에서 '고급 재생'을 선택한다.

TIP 녹화 고급 재생 기능

[그림 5-88] 녹화 재생

28

레코딩에서 녹화본을 불러온다.

[그림 5-89] 아바타 표시명 숨기기

29

'아바타 표시명 숨기기' 체크박스를 클릭한다.

[그림 5-90] 나만의 수족관 완성 장면

30

아바타 표시명 숨기기 기능을 통해 실제 사람이 바다를 돌아다니는 듯한 사실적인 장면을 구현할 수 있다.

* 레코딩을 불러올 때 '모두'를 체크하면 아바타 두 명도 녹화 가능하다.

ENGAGE

04 다이노 비치 만들기

이번 챕터에서는 마지막으로 가상공간인 다이노 비치를 제작할 예정이다. 일반적으로 모두가 상상으로 혹은 영화에서만 보았던 장소를 나만의 아이디어로 창작해 낼 수 있다는 것이 메타버스의 가장 큰 장점이다. 초급, 중급 단계까지 열심히 단계를 밟아왔기에 배운 기능들을 전체적으로 사용하면서 진행할 것이다. IFX를 보다 많이 배치하고 그에 상응하는 기능들을 복합적으로 복습하면서 기능 활용의 정점을 확인한다.

주요 기능 SUMMARY
애니메이션 오버라이드 기능 + 전체 기능 복습

TIP. 소리 IFX + 필기 기능

1. 애니메이션 오버라이드

  ▶ 생성 및 편집 시작

  ▶ IFX 태그 – 공룡 태그 사용

  ▶ 애니메이션 오버라이드 기능 선택 및 추가

▸ SET KEY 연습하기

▸ 음향 IFX 적용하기 (3D)

2. 전체 기능 복습

▸ 파일 저장

▸ 세션에서 파일 불러오기

▸ 날씨 IFX 선택하기

▸ 레코딩 기능 연습하기

▸ 고급 재생 기능 적용하기

▸ 다른 사람 초대하기

[그림 5-91] '다이노 비치' 선택

01

인게이지 플랫폼에 접속하여 생성 및 편집 선택 후 '다이노 비치' 맵을 선택한다.

[그림 5-92] 세션 저장

02

세션 파일의 길이를
23:59:59로 설정하여
미리 저장해 준다.

[그림 5-93] 공룡 태그

03

콘텐츠 크리에이터 - IFX
태그 버튼을 사용하여
'공룡' 태그를 선택한다.

[그림 5-94] IFX 선택

04

공룡 IFX 중에서 '브론토
사우루스'를 선택한다.

[그림 5-95] IFX 배치

05

'브론토사우루스'를 언덕
위에 배치한다.

[그림 5-96] 간단한 장치

06

'간단한 장치' 기능을 통
해 공룡이 언덕의 각도에
맞게 서 있도록 세밀하게
위치 조정을 한다.

[그림 5-97] 애니메이션 오버라이드

07

IFX 설정에서 종료 시간
을 설정하고, 애니메이션
오버라이드를 선택한다.

[그림 5-98] 애니메이션 오버라이드 추가

08

'애니메이션 오버라이드'
에서 오른쪽에 '새로 만
들기' 버튼을 선택한다.

[그림 5-99] 효과 저장

09

'WALK' 애니메이션을
적용 후 시작 및 종료 시
간을 설정한다. 효과 저
장을 선택한다.

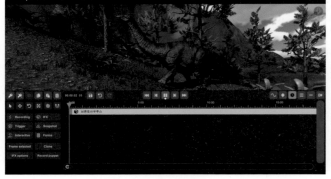

[그림 5-100] 재생하기

10

재생 버튼을 눌러 'WALK'
애니메이션 오버라이드
기능이 시행되는지 확인
한다.

[그림 5-101] 시작점 옮기기

11

WALK 애니메이션과 함께 실제 걸어 올라가는 듯한 모습을 재현해 보기 위해 SET KEY 기능을 사용한다.

[그림 5-102] SET KEY 버튼

12

움직임을 시작하기 원하는 지점으로 재생 헤드를 옮긴다. SET KEY 버튼을 누른다.

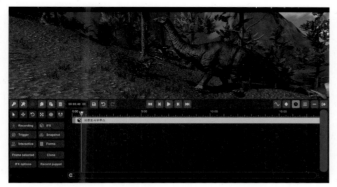

[그림 5-103] 재생 헤드 옮기기

13

움직임을 종료하고자 하는 지점으로 재생 헤드를 옮긴다.

[그림 5-104] IFX 배치

14

'브론토사우루스' IFX를 '운동' 기능을 통해 이동하고 싶은 지점으로 옮긴다.

[그림 5-105] SET KEY 종료

15

다시 SET KEY를 눌러 키 프레임을 마무리한다.

[그림 5-106] 재생 버튼

16

재생 버튼을 눌러 공룡이 언덕을 걸어 올라가는 모습이 완성되었는지 확인한다.

[그림 5-107] IFX 설정

17

애니메이션 오버라이드는 시작 시간과 종료 시간을 다르게 하여 추가할 수도 있다. 추가하기 위해 IFX 설정을 누른다.

[그림 5-108] 애니메이션 오버라이드 추가

18

오른쪽에 애니메이션 오버라이드 '새로 만들기' 버튼을 눌러 추가한다.

[그림 5-109] 애니메이션 정보 추가

19

시작 시간과 종료 시간을 첫 번째와 다르게 설정하고, 애니메이션 동작을 지정한다.

[그림 5-110] 효과 저장

20

애니메이션을 설정하였
다면 효과 저장을 누른다.

[그림 5-111] IFX 추가

21

생동감 있는 다이노 비치
를 연출하기 위하여 몇 가
지 IFX를 추가한다. 첫 번
째로 '입을 닫은 티렉스
두개골' IFX를 배치한다.

[그림 5-112] IFX 검색

22

'공룡' 태그 내의 '포효하
는 티렉스 2' 사운드를 배
치한다.

[그림 5-113] IFX 배치

23

사운드 IFX 위치를 지정
하여 배치해 준다.

[그림 5-114] 3D 오디오

24

3D 공간 오디오를 설정
하여 위치에 따라 오디오
음량이 다르게 들리도록
설정한다.

* 3D 오디오를 활성화하는 경
우 사용자가 이동하는 위치에
따라 IFX 볼륨이 자동적으로
조절된다.

[그림 5-115] 효과 저장

25

오디오까지 설정 후 효과
저장을 선택한다.

5장: 고급 단계
복합적 기능 활용 및 콘텐츠 제작

[그림 5-116] IFX 추가 배치

26

다이노 비치에 추가하고 싶은 IFX를 10개 이상 추가하여 장면을 완성한다.

완성 후 파일을 저장한다.

* IFX 재생 길이 23:59:59

[그림 5-117] 세션 시작

27

생성 및 편집에서 완성한 장면을 불러오기 위해 세션 시작을 선택한다.

[그림 5-118] 콘텐츠 – 기기 스토리지

28

맵 선택 후 ESC 메뉴 화면 – 하단의 콘텐츠 탭 – 상단 기기 스토리지 탭을 선택한다.

[그림 5-119] 파일 불러오기

29

생성 및 편집에서 저장한 '다이노 비치' 파일을 불러온다.

[그림 5-120] 레코딩

30

ESC 메뉴 화면 – 하단 레코딩 – 상단 기록 버튼을 선택한다.

[그림 5-121] 녹화본 생성

31

녹화본을 생성할 때 '모두'로 설정하고 '기록'을 누른다.

[그림 5-122] 기록 시작

32

기록을 시작한다.

[그림 5-123] 레코딩

33

기록이 진행되는 동안 다
이노 비치 세션을 걸어
다녀 본다.

[그림 5-124] 녹화본 저장

34

기록 중지 후 원하는 파
일 이름으로 녹화본을 저
장한다.

[그림 5-125] 녹화 불러오기

35

녹화가 정상적으로 저장
되었는지 확인하기 위해
파일을 불러온다.

[그림 5-126] 다이노 비치 완성 장면

36

불러온 파일을 확인해 보
고 필요한 IFX를 추가하여
다이노 비치를 완성한다.

세션에 다른 사람을 초대
하여 함께 다이노 비치를
즐길 수도 있다.

6

추가 기능

이벤트 & 호스트 제어 기능

ENGAGE

01 이벤트

1) 이벤트란?

ENGAGE에서 이벤트는 특정 시간과 날짜에 발생하도록 예약된 세션이다. 이벤트는 공개 또는 비공개일 수 있다.

특정 엔터프라이즈 그룹의 구성원만 사용할 수도 있다. 플러스 또는 엔터프라이즈 계정이 있는 경우 이벤트를 만들고, 목록 페이지 구성 및 참석 가능 인원수를 선택하고, 등록 프로세스를 제어할 수 있다.

[그림 6-1] 웹 관리자의 이벤트 안내 링크 위치

2) 이벤트 목록 보기

웹 관리자 또는 ENGAGE 앱에서 라이브 및 향후 이벤트 목록에 액세스할 수 있다. 이벤트를 생성한 사람이 이벤트를 목록에 표시할지 여부와 포함할 정보를 결정한다.

엔터프라이즈 그룹의 구성원인 경우 이벤트 목록에 그룹에 대한 탭이 포함된다. 그룹 구성원만을 위한 이벤트를 보려면 이 탭을 선택한다. 상태에 따라 이벤트를 나열하는 추가 탭이 있다.

[그림 6-2] 이벤트 목록 페이지의 탭

조직은 구성원의 이벤트 목록에서 공개 탭을 제거하도록 선택할 수 있다.

① 웹 관리자에서 이벤트 목록 보기

https://app.engagevr.io/events/list로 이동

이 이벤트 목록은 공개적으로 사용 가능하지만, 관심을 등록하거나 이벤트에 참여하려면 웹 관리자에 로그인해야 한다.

② ENGAGE 앱에서 이벤트 목록 보기

1. ENGAGE 앱을 열고 로그인한다.
2. 메뉴 화면에서 **이벤트**를 선택한다.

3) | 이벤트 등록하기

이벤트에 등록하려면 먼저 해당 정보 페이지로 이동해야 한다. 이벤트를 등록하려면 다음 단계를 완료한다.

1. 웹 관리자 또는 ENGAGE 앱에서 이벤트 목록에 액세스한다.
2. 이벤트 탭 왼쪽 상단의 만들기를 선택한다.

[그림 6-3] 이벤트 목록 페이지의 탭

[그림 6-4] 이벤트 만들기

새 이벤트 만들기의 경우 제목부터 시작 날짜와 시간도 설정할 수 있다. 이벤트에 대한 설명을 추가한 뒤 **저장하고 게시하기**를 선택하여 이벤트를 생성한다.

4) 관심 등록하기

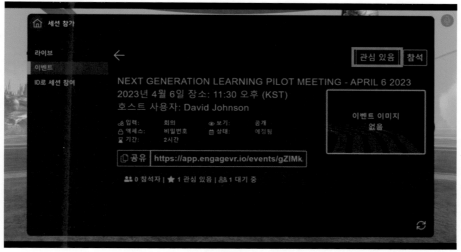

[그림 6-5] 이벤트 관심 있음

이벤트 탭에서 원하는 이벤트를 선택한 후 왼쪽 상단의 **관심 있음**을 선택한다.

'관심 있음'을 통해 미확정인 참여 혹은 일정이 미정인 이벤트를 저장할 수 있다.

5) 이벤트 참여

[그림 6-6] 이벤트 참여

이벤트에 등록이 열려 있는 경우 **참석**을 선택하여 이벤트에 참가 등록할 수 있다. 대부분의 이벤트에는 사용 가능한 좌석이 제한되어 있으며, 참석 등록을 하면 해당 공간 중 자리를 예약하게 되는 것이다.

① 액세스 요청

[그림 6-7] 이벤트에 대한 액세스를 요청하는 옵션

이벤트가 등록이 마감된 경우 **요청 액세스**를 선택하여 대기자 명단에 추가할 수 있다. 이벤트 주최자가 당신의 요청을 검토 후 귀하의 요청을 승인 혹은 거부해 참석 여부를 결정할 수 있다. 주최자가 결정을 내린 후에 이메일을 받게 된다.

② 이벤트 탭

참가 등록을 하거나 이벤트에 관심을 등록하면 ENGAGE 앱과 웹 관리자의 해당 탭에 이벤트가 나열된다. 현재와 미래 이벤트는 공개 탭, 엔터프라이즈 그룹 탭 또는 둘 다에 나열된다. 이벤트를 생성하면 해당 이벤트가 **호스팅** 탭에도 나타난다.

엔터프라이즈 그룹은 해당 그룹의 구성원에 대해 공개 탭을 숨기도록 선택할 수 있다.

이벤트
플랫폼에서 개최되는 이벤트를보고, 만들고, 편집합니다.
공개
호스팅 중
참석 중
관심 있음
D'Carrick

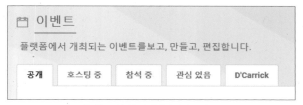

[그림 6-8] 웹 관리자의 이벤트 탭

③ 이벤트 참여

이벤트에 참여할 수 있는 자격이 있는 경우 호스트가 이벤트를 시작한 후에 참여할 수 있다. 호스트가 이벤트를 시작했는지 확인하려면 이벤트 목록의 시작 시간이 **라이브**로 바뀌었는지 확인한다.

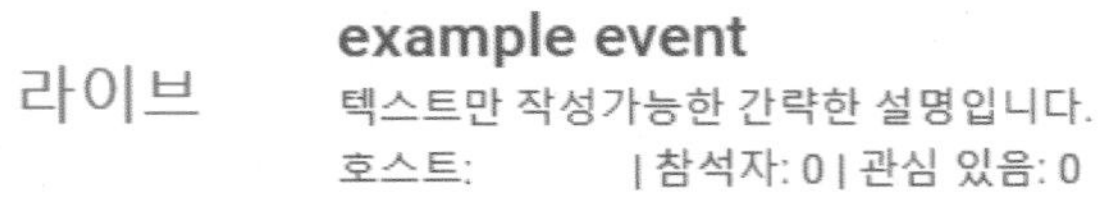

라이브
example event
텍스트만 작성가능한 간략한 설명입니다.
호스트: | 참석자: 0 | 관심 있음: 0

[그림 6-9] 라이브 이벤트 목록의 예

이벤트에 참여하려면 다음 단계를 완료한다.

1. **ENGAGE 앱**을 열고 **로그인**한다.
2. 메뉴 화면에서 **이벤트**를 선택한다.
3. 이벤트에 등록한 경우 **참석** 탭을 선택한다. 그렇지 않으면 다른 탭 중 하나에서 참여하려는 이벤트를 찾는다.
4. 이벤트 정보 페이지에서 **지금 가입**을 선택한다.
5. 필요한 경우 암호를 입력한 다음 **제출**을 선택한다.

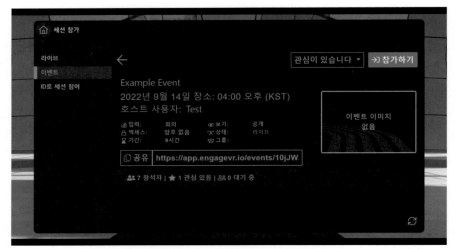

[그림 6-10] ENGAGE 앱의 이벤트 정보 페이지

6) 비밀번호로 설정된 이벤트

누군가가 이벤트를 만들 때 암호로 접근을 제한하도록 선택할 수 있다. 이벤트 목록의 잠긴 자물쇠 아이콘에서 비밀번호가 필요한 이벤트를 식별할 수 있다.

[그림 6-11] 비밀번호로 보호된 이벤트

이벤트가 시작되기 전에 참석 옵션을 선택하면 암호를 입력하라는 메시지가 표시된다. 비밀번호는 한 번만 입력하면 된다. 참석 옵션을 선택한 후 비밀번호를 입력하면 이벤트 참여 시 비밀번호를 입력하지 않아도 된다.

비밀번호로 보호된 이벤트에 미리 등록하지 않고 대신 이벤트가 시작된 후 참여를 시도 하는 경우 **참여**를 선택한 후 비밀번호를 입력하라는 메시지가 표시된다.

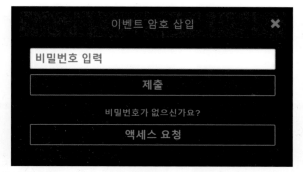

[그림 6-12] 웹 관리자에 나타나는 대로 암호를 입력하라는 메시지가 표시된다.

① 비밀번호로 보호된 이벤트에 대한 액세스 요청

비밀번호로 보호되는 이벤트에 참여하고 싶지만 비밀번호가 없는 경우 호스트에게 요청할 수 있다. 암호 입력 화면에서 **액세스 요청**을 선택한다. 호스트는 귀하가 액세스를 요청했음을 알리는 이메일을 받는다.

7) │ 이벤트 퇴장

참석을 위해 등록했거나 관심을 등록한 이벤트에서 참석을 철회할 수 있다. 이벤트에서 참석을 철회하고자 하는 경우 아래를 참고할 수 있다.

① ENGAGE 앱에서 이벤트 철회

1. ENGAGE 앱을 열고 로그인한다.
2. 메뉴 화면에서 **이벤트**를 선택한다.
3. 이벤트 참여를 등록했다면 **참석** 탭을 선택한다. 또는 관심을 등록한 경우 **관심** 탭을 선택한다.

4. 철회하려는 이벤트를 선택한다.

5. **귀하가 참석합니다** 또는 **귀하가 관심 있어 합니다**를 선택한 다음 표시되는 메뉴에서 **참석하지 않음** 또는 관심 **없음**을 선택한다.

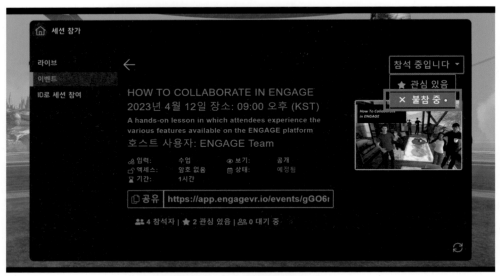

[그림 6-13] ENGAGE 앱에 표시되는 참석 취소 옵션

02 호스트 제어

세선에 참여한 사용자를 관리하는 데 사용할 수 있는 기능을 '호스트 제어 기능'이라고 말한다. 세선을 생성한 호스트는 세선이 원활하게 진행될 수 있도록 다양한 기능을 통해 사용자들을 관리할 수 있다.

[그림 6-14] 사용자 페이지의 사용자 탭

사용자 탭에서는 세션에 참여한 사용자 각자에게 몇몇의 기능을 제어하거나 허용하는 등의 작업을 수행할 수 있고, **세션 설정** 탭에서 사용자에 대한 모든 권한을 구성할 수 있다. **호스트 작업** 탭에서는 공동 호스트를 추가할 수 있으며 그에 대한 설정도 변경할 수 있다.

1) | 공동 호스트 추가

세션을 시작하면 세션을 생성한 사람에게 호스트 역할이 부여된다. 세션에 참여한 다른 사람에게 호스트 권한을 부여하도록 선택할 수 있다. 그러나 호스트는 세션에서 가장 높은 권한을 가지므로 확실하게 신뢰할 수 있는 사람에게 권한을 부여하는 것이 적절하다.

만약 영구 세션에서 다른 사람에게 호스트 권한을 부여하면 그 사람은 다음에 영구 세션에 참여할 때도 호스트로 입장하게 된다.

공동 호스트를 지정하는 이유 중 하나인 기술 문제를 방지하기 위해 다른 사용자를 호스트로 지정할 수 있다. 예를 들어, 표준 세션의 유일한 호스트가 한 명이었을 경우 그 호스트의 네트워크 연결이 끊어지면 세션에 존재하던 모든 사람이 메뉴 화면으로 돌아간다.

다른 사람을 공동 호스트로 추가하려면 다음 단계를 완료한다.

1. 메뉴를 열고 **사용자** 페이지를 선택한 다음 **사용자** 탭을 선택한다.

2. 사용자를 식별하고 **추가** 아이콘(●●●)을 선택한다.

[그림 6-15] 개별 사용자를 위한 추가 아이콘

3. **호스트 작업** 페이지에서 **공동 호스트 추가**를 선택한다.

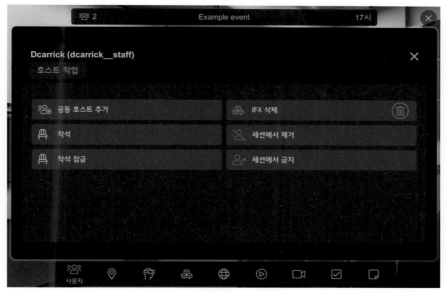

[그림 6-16] 공동 호스트 추가 옵션

2) | 공동 호스트 제거

세션에 호스트 권한이 있고 Plus 또는 Enterprise 구독이 있는 경우 공동 호스트의 호스트 권한을 제거할 수 있다.

1. 메뉴를 열고 **사용자** 페이지를 선택한 다음 **사용자** 탭을 선택한다.

2. 호스트 사용자를 식별하고 **추가** 아이콘 ()

[그림 6-17] 호스트에 대한 추가 아이콘

3. **호스트 작업** 페이지에서 **공동 호스트 제거**를 선택한다.

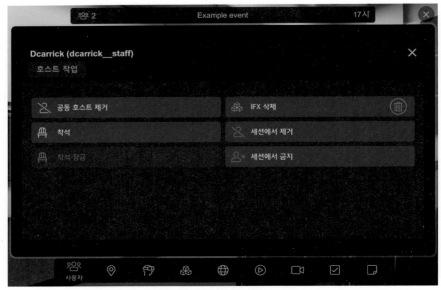

[그림 6-18] 공동 호스트 제거 옵션

3) | 권한 제어

세션의 호스트로서 다른 사용자가 가지고 있는 권한을 제어할 수 있다. 모든 사용자에 대한 특정 권한을 설정할 수 있으며, 선택 시 세션의 모든 사용자와 이후에 참여하는 모든 사용자에게 즉시 적용된다. 개별 사용자에 대한 특정 권한을 설정할 수도 있다.

모든 사용자에 대한 특정 권한을 설정하려면 메뉴를 열고 **사용자** 페이지를 선택한 다음 **세션 설정** 탭을 선택한다.

* 사용 가능한 옵션

환경		설명
마이크		다른 사람들의 마이크 기능을 제어할 수 있다.
IFX 생성		세션에 참여한 사람들이 IFX를 추가할 수 있도록 한다.
공유 IFX		공유 상태로 설정된 IFX를 수정할 수 있는 기능이다.
미디어		메뉴 또는 태블릿의 미디어 페이지를 사용하여 참여자 간 비디오, 웹사이트, 클라우드 파일 및 컴퓨터 바탕 화면을 공유한다.
녹화		세션의 기록 가능 유무를 제어할 수 있다. 녹화에는 세션에 있는 모든 아바타의 동작, 동작 및 오디오가 포함될 수 있다.
스티커 메모		스티커 메모를 만들어 환경에 추가한다. 여기에는 VR 헤드셋의 손목 컨트롤과 메모 페이지가 포함된다.
표시 이름		아바타 머리 위에 표시되는 아바타 명을 보이지 않도록 설정할 수 있다.
박수 SFX		박수 제스처에 수반되는 박수 소리 효과를 방지할 수 있다.
3D 보이스		사람 간의 거리가 멀어질수록 볼륨이 감소하는 공간 오디오를 활성화한다. 모든 사용자에 대해 3D 음성을 활성화하려면 이용한다.
3D 음성 거리		컨트롤을 활성화하여 3D 음성 거리를 조정한다.
3D 펜		3D 펜을 사용하여 주변 환경에서 글을 쓰고 그림을 그릴 수 있다.

[표 6-1] 옵션

② 개별 사용자에 대한 권한 설정

개별 사용자에 대한 특정 권한을 설정하려면 메뉴를 열고 **사용자** 페이지를 선택한 다음 **사용자** 탭을 선택한다.

사용자 페이지에서 각 사용자는 패널로 표시된다. 패널의 각 아이콘은 켜고 끌 수 있는 권한을 나타낸다.

개별 사용자에 대해 설정할 수 있는 권한은 사용자가 사용하는 장치에 따라 결정된다. Android 및 iOS 기기는 제어할 수 있는 기능이 가장 적다. VR 헤드셋은 일부 기능을 사용하려면 핸드 컨트롤러가 필요하기 때문에 기능 수가 가장 많다.

[그림 6-19] Oculus Quest 2(아래)에서 사용 가능한 권한

* 권한

권한	장치	설명
스티커 메모	VR 헤드셋, 데스크톱	스티커 메모를 만들고 추가한다. VR 헤드셋의 손목 컨트롤러에는 메모 기능이 포함된다.
3D 펜	VR 헤드셋	3D 펜을 통해 환경에서 자유롭게 글을 쓰거나 그림을 그릴 수도 있다.
IFX	VR 헤드셋, 데스크톱	세션에 IFX를 추가한다.

공유 IFX	VR 헤드셋, 데스크톱	공유 상태로 설정된 IFX를 수정한다.
미디어	모두	미디어 페이지를 사용하여 참여자 간 비디오, 웹사이트, 클라우드 파일 및 컴퓨터 바탕 화면을 공유한다.
기록	VR 헤드셋, 데스크톱	세션을 기록할 수 있다. 녹화에는 세션에 있는 모든 아바타의 동작, 동작 및 오디오가 포함될 수 있다.
마이크	모두	이 옵션을 선택하여 사람의 마이크를 음소거할 수 있다.
3D 음성	모두	사람이 멀어질수록 볼륨이 감소하는 공간 오디오를 활성화한다.

[표 6-2] 권한표

③ 개별 사용자의 마이크 관리

세션 중에 특정 사용자의 마이크를 음소거할 수 있다.

1. 메뉴나 태블릿을 열고 **사용자** 페이지를 선택한 다음 **사용자** 탭을 선택한다.
2. 사용자를 식별하고 마이크 아이콘을 선택한다.

사용자의 마이크가 소리를 감지하는 경우 마이크 아이콘이 단색으로 채워진다.

[그림 6-20] 개별 사용자의 마이크 아이콘

3. **사용자 음소거** 대화 상자에서 확인란을 선택하여 사용자가 마이크 음소거를 해제할 수 있도록 한다. 호스트는 스스로 언제든지 마이크의 음소거를 해제할 수 있으며 호스트의 강제 음소거는 구현되어 있지 않다.

[그림 6-21] 개별 사용자를 음소거하기 위한 확인창

4. 확인을 선택한다.

④ 음소거 된 사용자의 마이크 관리

호스트는 마이크 아이콘을 다시 선택하여 음소거를 해제할 수 있다. 그러나 사용자는 호스트가 자신을 음소거하도록 선택한 경우 스스로 음소거를 해제할 수 없다. 대신 음소거 해제를 요청할 수 있다. 음소거 해제를 요청하면 호스트에게 해당 메시지가 표시된다.

[그림 6-22] 음소거 된 사용자를 위한 추가 마이크 옵션

4) **좌석**

맵 내의 착석 가능한 자리의 숫자에 따라 초대 혹은 참석한 참여자를 해당 좌석에 착석 시킬 수 있다. 모든 참석자를 동시에 앉히거나 개별 사용자를 앉힐 수도 있다.

① 모든 참석자 착석

모든 참석자를 한 번에 착석시키기 위해 사용하는 기능이다.

1. 메뉴 또는 태블릿을 열고 **사용자** 페이지를 선택한 다음 **호스트 작업** 탭을 선택한다.
2. 사용 가능한 좌석 수를 검토하고 모든 참석자에게 충분한 좌석이 있는지 확인한다.
3. **모든 참석자 착석** 토글을 켠다.

[그림 6-23] 모든 참석자 착석 옵션

사용 가능한 좌석이 없으면 **모든 참석자 착석** 토글이 비활성화된다.

[그림 6-24] 사용 가능한 좌석이 없을 때 '모든 참석자 착석' 기능의 모습

4. **모든 참석자 착석** 토글을 끄는 순간까지 참석자를 계속 자리에 앉힌 채로 두려면 **모든 참석자 착석** 확인 메시지에서 **사용자를 좌석에 잠금**을 선택한다.

5. **확인**을 선택한다.

② 개별 사용자 착석

개별 사용자를 착석시키려면 다음 단계를 완료한다.

1. 메뉴나 태블릿을 열고 **사용자** 페이지를 선택한 다음 **사용자** 탭을 선택한다.

2. 사용자를 식별하고 더 보기 아이콘(점 3개)을 선택한다.

[그림 6-25] 개별 사용자를 위한 추가 아이콘

3. **호스트 작업** 페이지에서 **착석**을 선택한다.

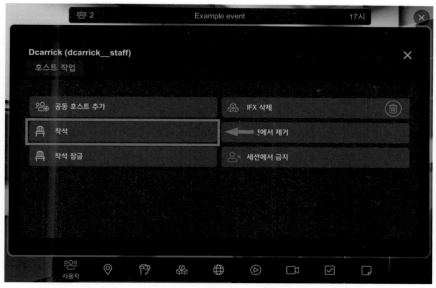

[그림 6-26] 특정 사용자 자리에 앉히기

4. 좌석을 선택한다.

5) | 모든 사용자 호출

모든 참석자를 특정 지역으로 소환할 수 있다. 이것은 참여자가 분산된 대규모 공간에
서 특히 유용하다.

1. 메뉴를 열고 **사용자** 페이지를 선택한 다음 **호스트 작업** 탭을 선택한다.

2. **소환**을 선택한다.

3. 참석자를 배치할 위치로 소환 마커를 이동한다.

4. 참석자가 향하는 방향을 변경하려면 컨트롤러 트리거 또는 마우스 왼쪽 버튼을 누른
   상태에서 컨트롤러나 마우스를 움직여 소환 마커를 회전한다. 소환 마커의 점은 방
   향을 나타낸다.

5. 컨트롤러 트리거 또는 왼쪽 마우스 버튼을 놓아 선택한 위치로 사용자를 호출한다.

[그림 6-27] 호스트 작업 탭의 소환 옵션

[그림 6-28] 소환 마커

6) 사용자 경고 또는 퇴장 조치

세션에서 누군가를 제거하거나 차단하려면 다음 단계를 완료한다.

1. 메뉴 또는 태블릿을 열고 사용자 페이지를 선택한 다음 사용자 탭을 선택한다.

2. 제거하거나 차단하려는 사용자에 대해 더 보기 아이콘()을 선택한다.

3. 호스트 작업 페이지에서 다음 옵션 중 하나를 선택한다.

● 참석자를 일시적으로 제거하려면 세션에서 제거를 선택한다. 임시 조치이기 때문에 세션에 다시 참여할 수 있다.

● 참석자를 영구적으로 차단하려면 세션에서 차단을 선택한다. 참석자는 즉시 세션에서 제거되고 다시 참여할 수 없다.

[그림 6-29] 세션에서 참석자를 제거하거나 차단하는 옵션

7) | IFX 삭제

세션의 일부인 각 IFX는 특정 사용자와 연결되거나 모든 사용자와 공유된다. 사용자와 연결된 모든 IFX, 공유된 모든 IFX 또는 개별 사용자와 연결된 모든 IFX를 삭제하도록 선택할 수 있다.

① 세션에서 모든 사용자 IFX 삭제

세션에 추가되었지만 공유가 허용되지 않은 모든 IFX를 삭제하려면 다음 단계를 완료한다.

1. 메뉴 또는 태블릿을 연 다음, **사용자**를 선택한다.
2. **사용자** 페이지에서 **호스트 작업** 탭을 선택한다.
3. **호스트 작업** 탭에서 **사용자 IFX 삭제**를 선택한다.

② 세션에서 모든 공유 IFX 삭제

세션에 추가된 후 공유된 모든 IFX를 삭제하려면 다음 단계를 완료한다.

1. 메뉴 또는 태블릿을 연 다음, **사용자**를 선택한다.

2. **사용자** 페이지에서 **호스트 작업** 탭을 선택한다.

3. **호스트 작업** 탭에서 공유 **IFX 삭제**를 선택한다.

③ 개별 사용자와 연결된 IFX 삭제

개별 사용자가 세션에 추가했지만 공유하지 않은 IFX를 삭제하려면 다음 단계를 완료한다.

1. 메뉴나 태블릿을 열고 **사용자** 페이지를 선택한 다음 **사용자** 탭을 선택한다.

2. 사용자를 식별하고 **더 보기** 아이콘(●●●)을 선택한다.

[그림 6-30] 개별 사용자를 위한 더 보기 아이콘

3. **호스트 작업** 페이지에서 **IFX 삭제**를 선택한다.

부록

HMD 활용하기

01 HMD란?

Head Mounted Display, HMD(헤드 마운티드 디스플레이).

머리에 착용하는 디스플레이 장치를 말한다. 주로 가상현실 또는 증강현실의 구현을 위한 디스플레이 장치로써 사용되며, 3D 디스플레이 기술과도 접목되기도 한다.

메타버스 플랫폼에서 사용되는 HMD 기기는 매우 다양하다. 메타 퀘스트, HTC 바이브, 피코, 스팀 VR 등의 장치를 통해 사용자는 가상환경에 실제로 본인이 속해 있는 듯한 경험을 할 수 있다.

다양한 HMD 기기 중에서도 특별히 ENGAGE에서 지원 가능한 HMD 기기 중 하나인 '오큘러스 퀘스트 2'를 소개하고자 한다.

[그림 7-1] 오큘러스 퀘스트 2

ENGAGE

02 오큘러스 퀘스트 2

① 그래픽

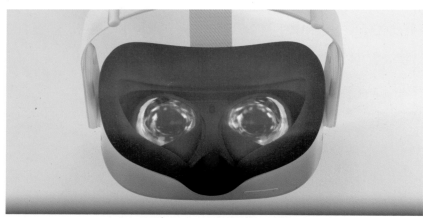

[그림 7-2] 오큘러스 퀘스트 2 – 광학

20ppd(각도 당 픽셀)의 해상도와 1832x1920 픽셀의 그래픽을 구현하는 빠른 전환 LCD
디스플레이를 통해 멀티플레이 게임부터 360도 동영상까지 모든 장면이 선명하게 표현
된다.

② 제어

[그림 7-3] 오큘러스 퀘스트 2 - 컨트롤러

스쿱 모양의 컨트롤러는 클릭이 가능한 아날로그 스틱, 각 컨트롤러에 한 쌍의 페이스 버튼과 함께 선을 발사하거나 물체를 움켜쥘 수 있는 일을 하기 위한 두 개의 숄더 버튼을 특징으로 한다. 또한, 포함된 손목 스트랩을 사용하여 컨트롤러를 놓치지 않고 사용할 수 있도록 돕는다. 또한, 컨트롤러의 햅틱을 통해서도 실제 물체 혹은 바닥에 닿는 느낌을 받을 수 있다. 컨트롤러는 단일 배터리로 약 30시간을 사용할 수 있다.

[그림 7-4] 오큘러스 퀘스트 2 - 플레이 시야

사진에서와 같이 컨트롤러를 사용하고 있는 손을 발견할 수 있으며 손목을 돌리면 3D 펜 기능, 손목 제어 등 고차원의 기술을 경험할 수 있다. 왼손과 오른손 컨트롤러의 기능이 다르므로 ENGAGNE 내에서 기본 작동 방법을 연습해 보는 것이 좋다.

* 컨트롤 기능은 기본 작동 방법 참조

③ 플레이 공간 설정

[그림 7-5] 오큘러스 퀘스트 2 – 플레이 공간 설정

컨트롤러를 사용하여 안전 보호 경계를 설정하면 실제 공간의 안전한 플레이 공간을 가상의 경계로 확보하여 진행할 수 있다. 안전 보호 경계를 활성화시키면 방해물에 부딪힐 걱정 없이 몸을 움직이고, 물건을 잡고, 팔을 뻗어볼 수도 있다.

④ 헤드셋 미러링 하기

[그림 7-6] 오큘러스 퀘스트 2 – 엡 다운로드

⑤ 기기 미러링 단계

1. 앱 다운로드하기 - META QUEST

2. 가입 후 계정 생성

   ● 인스타그램 혹은 페이스북 계정으로 가입하는 경우 개인 정보 자동 업데이트

   ● 로그인 후 개인 정보(이메일, 이름 등) 변경 가능

   ※ 같은 기기를 다수가 사용할 경우 첫 번째 가입한 사람의 계정으로 로그인 가능. (주 이용 계정 변경 가능)

3. 기기 착용 후 페어링

   ● 기기 전원 켜기

   ● 페어링 버튼 누르기

   ● 카메라 앱 - 미러링 선택하기

   ● 사용하고자 하는 기기와 연결하기 ※ 같은 인터넷망을 사용 중이어야 가능

   ● 화면에 보이는 순서대로 미러링 시작하기

   ● https://www.oculus.com/casting/ 사이트 이동 후 로그인하기

   ● 미러링 완료 후 플레이 공간 설정하기

⑥ 기술 사양

자세한 내용은 홈페이지 참조 https://engagevr.io/vr-device-downloads/

하드웨어	**PC**(선택 사항) - 헤드셋과 컨트롤러만으로도 플레이 가능
트래킹	**6DOF** - 6DOF에서는 헤드셋이 머리와 신체의 움직임을 모두 추적하여 실제와 가까운 정밀도로 VR 변환 가능
컨트롤러	- 인체공학적 요소 개선하여 터치 컨트롤러의 기능 상시 업그레이드 중
머리 스트랩	**소프트 스트랩** - 쉽게 조절하거나 메타 퀘스트 액세서리로 업그레이드 가능
광학 기기	**사양** - 빠른 전환 LCD 디스플레이 - 한 시야 당 1832x1920 해상도 - 60Hz, 72Hz, 90Hz 화면 주사율 지원 - 안경과 함께 착용 가능
사운드	**위치 기반 오디오** - 헤드셋 내 3D 위치 기반 오디오 내장 - 헤드셋을 사용하여 플레이 가능
앱 및 게임	**Meta Quest 스토어**
저장 공간	**128GB / 256GB**

[표 7-1] 오큘러스 퀘스트 2 – 기술 사양

03 HMD 기기로 기능 연습하기

데스크톱 장치로도 경험할 수 있지만 특히 HMD 기기와 손목 컨트롤러를 통해 체험하는 경우 현실감이 극대화되는 대표적인 기능 중 필기 기능과 인터랙티브 효과를 소개하고자 한다.

1) 필기하기

[그림 7-7] 필기 기능

ENGAGE 내 필기 기능을 사용할 수 있는 세션이 존재한다.

강의실, 회의실 등의 공간에서는 필기가 가능한 물체의 하단에 연필 모양의 아이콘이 보인다.

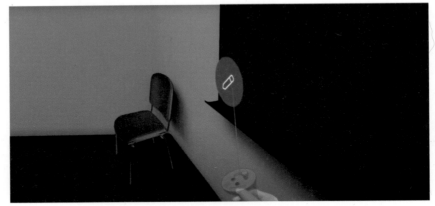

[그림 7-8] 필기 아이콘 선택

손목 컨트롤러를 통해 필기 아이콘을 선택한다.

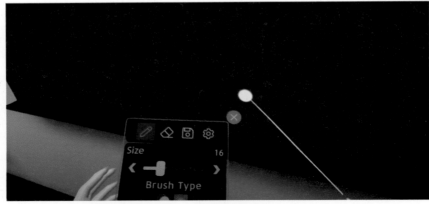

[그림 7-9] 필기 기능 선택

필기는 물론 지우개, 저장, 삭제 등 다양한 기능을 연습해 볼 수 있다.

[그림 7-10] 필기 색상 변경

원하는 펜의 색을 선택하여 필기를 진행한다. 같은 방법으로 포스트잇에 필기를 해볼 수도 있으며, 3D 펜 기능을 활용하여 ENGAGE 내 어떤 곳에서든 필기와 메모를 할 수 있다.

생성 및 편집을 통해 세션에 접속하는 경우 왼쪽 항목 중 'INTERACTIVE'를 발견할 수 있다. 인터랙티브는 트리거와 유사하게 효과 간의 상호 작용을 가능하게 한다. 특히 VR 기기로 실제 추가된 효과를 통해 IFX를 손으로 잡아 보거나 떨어뜨리는 등의 기능도 연습해 볼 수 있다. 이러한 기능을 통해 체스 게임, 과학 실험, 도자기 관찰하기 등의 콘텐츠를 체험할 수 있다.

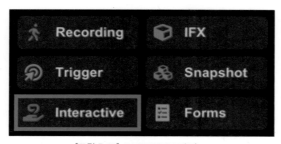

[그림 7-11] INTERACTIVE 효과

[그림 7-12] INTERACTIVE IFX 체험

손목 컨트롤러를 통해 ENGAGE 내의 사물을 잡아 보기 위해 다가가는 모습이다.

[그림 7-13] INTERACTIVE IFX 미러링

INTERACTIVE 효과를 체험하고 있는 사람의 HMD 화면에 보이는 장면이다. 실제 눈앞
에 사물이 있다고 느끼며 다가가 잡아 보거나 조립하는 등의 세밀한 움직임까지 느껴볼
수 있다.

플랫폼 관련 출처

http://metadcarrick.co.kr/ (메타디캐릭 홈페이지)

인게이지에서
메타버스를 만나다

메타버스 XR 플랫폼 활용 실습서

| 2023년 | 6월 23일 | 1판 | 1쇄 | 인 쇄 |
| 2023년 | 6월 30일 | 1판 | 1쇄 | 발 행 |

지 은 이 : 최 　 인 　 호

펴 낸 이 : 박 　 정 　 태

펴 낸 곳 : **주식회사 광문각출판미디어**

10881
파주시 파주출판문화도시 광인사길 161
광문각 B/D 3층
등　　록 : 2022. 9. 2 제2022-000102호
전 화(代): 031-955-8787
팩　　스 : 031-955-3730
E - mail : kwangmk7@hanmail.net
홈페이지 : www.kwangmoonkag.co.kr

ISBN : 979-11-93205-01-3 　 93000

값 : 22,000원

한국과학기술출판협회
Korean Science & Technology Publisher Association

저자와 협의하여 인지를 생략합니다.